當你又忙又美，何懼患得患失

梁爽——著

第一章
不可低估一個穿衣好看的女人

第二章
自律的人，都把生活過成了想要的樣子

第三章 負面的人際關係，盡快斷捨離

第四章
不要在別人的情緒裡，玻璃心地活著

第五章
愛得恰到好處，生活才會更美好

第六章
不拿賺錢當回事的女人該醒醒了

〈推薦序〉

又忙又美，不為別人，而是為自己

張萌

梁爽邀我給她的新書《當你又忙又美，何懼患得患失》寫推薦序時，我和小夥伴們正在準備以「知識就是生產力」為主題的跨年大課。這次三天兩夜的課程，凝聚了我們很多的努力和付出。

我提醒自己忙完這段時間，要給梁爽寫推薦序。

我和梁爽相識於二〇一六年，當時朋友看到她寫的〈千萬別小看一個又忙又美的女人〉這篇文章時，便轉發給我，說：「萌姊，這不就是在說你嗎？」

我非常喜歡梁爽的文風，「嘎嘣脆」的文字很有「爽感」，很想認識她，後經朋友介紹，與其成為好友。我們第一次聊天，就很投緣：我們年紀相當，都是多年的「早起者」，都愛向優秀的人學習……

梁爽是個狂熱的寫作愛好者，常利用業餘時間寫作。我倆熟悉後，她經常採訪我一些問題，像如何減少焦慮、怎麼理財等，所以我在她的文章裡「出鏡率」很高。

我是〈過有準備的人生，才是不焦慮的活法〉一文中那個時刻準備著的人，大學時根據一萬小時定律，給自己制訂「一千天小樹林」英語學習計畫，並獲得二〇〇八年第一屆全國「APEC未來之聲」英語演講比賽冠軍。

我是〈在花錢上分得清輕重緩急的人，能少奮鬥十年〉一文中那個花錢分得清輕重的人，每年在學習和成長上，不惜一擲千金，找最好的機構和老師給我上課。

我還是〈理性，是一個女人最高級的性感〉裡那個遇到麻煩時控制情緒、冷靜分析、積極解決問題、避免在同一個地方跌倒兩次的人。

這些文章都收錄在這本書中。

我感覺自己一直都是順風順水的，因爲當我確立目標之後，就會向著目標全力前進。早上四、五點起床，甚至有時凌晨兩點就起床學習，睏了便在眼皮上塗風油精。用梁爽的話說，就是「太能對自己下狠手」。

三十歲時發生了一件對我影響重大的事情。在創業過程中，有段時間我胸口特別疼，疼到半夜睡不著覺，一半身體又麻又疼。去醫院檢查，醫生診斷出我甲狀腺附近長出許多結節。

那段時間，我的「工作」就是每天坐在醫院門診部的門口，看著熙熙攘攘的人群，有時候推進來的是活人，推出去的就是屍體。醫院的走廊，全是家屬的哭聲。那時的我被負能量包圍了，一度想要把公司關掉，還創什麼業啊，有什麼意思啊。那段時間，我一天都沒到公司去。

我每天的任務就是到醫院掛號、排隊、檢查。醫生說情況不太好，然後給了我兩點建議：一是觀察甲狀腺結節是否長大，二是切除甲狀腺。

甲狀腺負責調節人體激素平衡，沒有甲狀腺素，內分泌會失調，以後就得每天吃甲狀腺素。但你不知道每天是吃多了還是吃少了，直到一個月後的血液指標才會給你答案。

有天做檢查，要穿刺結節，提取裡面的組織液，化驗結節是良性還是惡性。實習醫生扎了好多次，手術臺上灑下我的血和淚。我當時在腦子裡一遍一遍地問自己：「爲什麼偏偏是我？」

我回顧自己創業以來所有的行爲：沒在家裡吃過一頓飯，都是點外賣；每天都很忙，經常熬夜；從來不運動，覺得自己身材還可以。

「忙」是一系列惡習的通行證，最後逼迫我上了手術臺。

那時我遇到一個女病友，五十多歲，有兩個孩子，夫妻恩愛。她是個成功的企業家、有名的作家，感覺就是傳說中的「人生贏家」。她做過甲狀腺切除手術，當她摘下絲巾給我看時，脖子上那條貫穿左右的疤痕，觸目驚心。

我不想過不「美」的生活，給自己半年時間，如果病情沒有好轉，就去切除甲狀腺。

我開始研究人體健康和精力管理，好好吃飯，好好休息，好好運動，並總結了一套習慣管理、精力管理和情緒管理的方法，結交了很多醫生朋友，報名參加了心理成長班，自學醫學和營養學，讓自己從新手變成專家。透過調養，結節康復了，頸項美又回到我身上。

這件事過去兩年多了，每次想起來，心中感慨萬千。「又忙又美」這句話，很像「甲狀腺」這個平衡調節器。

當我把所有精力都用於忙工作時，忙到差點失去健康，而健康正是「美」的內在基礎。

現在我工作依舊很忙，最長的一課講了二十一個小時，但我比過去更懂得時間管理和自我調節。每當我覺得工作很累時，我就想，我要美美地站在舞臺上、美美地跟大家對話。所以，我該工作的時候努力打拚，該休息的時候就安心調養。

如何做到又忙又美？二〇一八年，我健身一百零一次，每週三次固定練習泰拳，累了就休息。每次和家人在一起時，就全心全意地陪著他們。每天也擁有百分之百屬於自己的時刻，全身心投入自己喜歡的事情中，看電影、去旅行，讓生活更有儀式感，讓自己的身心保持美麗。

在我看來，「又忙又美」是一種獨立精神，是一種內外兼修，即使每天工作很累，也要美美地活著。這種美，不為別人，而是為自己。

（本文作者為時間效率管理專家、暢銷書作者）

〈自序〉當你追求又忙又美，哪有時間患得患失？

當我知道新書的名字叫「當你又忙又美，何懼患得患失」時，我的內心是又驚又喜。驚的是，我有自知之明，又忙又美是我的追求，還不是我的現狀。距離眞正又忙又美的人，我還有很大的進步空間。喜的是，「當你又忙又美，何懼患得患失」這句話，正是我想對所有人說的。因爲我發現很多人，都被「患得患失」這種心態折磨著。

在感情裡患得患失。有位男性讀者給我留言，說他老婆生完孩子後在家做全職主婦，他忙了一天下班回家，每晚面臨老婆的「靈魂四問」：一問是不是不像以前那般愛她了，爲什麼沒有接電話？二問是不是在外面有人了，爲什麼微信聊天記錄裡有個女人？三問是不是有了私房錢，爲什麼工資跟上個月的數額不一樣？四問她是不是長胖了、臉黃了，爲什麼她換完衣服他沒有眼前一亮？

在工作上患得患失。想去跟老闆提漲工資的事，又擔心被拒絕沒面子，話到嘴邊欲言又止；看到直屬主管面無表情，就擔心自己哪個地方沒做對，或者哪句話說錯了；和客戶玩遊戲，心裡容易糾結，故意放水會不會被人識破，拚盡全力會不會顯得情商太低……

在人際關係上患得患失。看到同事在茶水間談笑，擔心自己是不是受到了他們的排擠；更新朋友圈的時候，糾結這條訊息會不會讓人覺得自己有什麼弦外之音；面對同學會邀約，衡量著自己這些年混得好不好，糾結半天也沒有答案。

患得患失，思前想後，猜來猜去。在感情中，患得患失最容易把對方推得更遠；在工作中，患得患失最容易把精力用錯方向；在交際中，患得患失最容易讓自己內耗增大。自己活得累，身邊的人也覺得累。

當你追求又忙又美的時候，哪有時間患得患失？

在我看來，追求「又忙又美」的人生狀態，是對「患得患失」這種心態開出的最精準的處方藥。

大學畢業後，我在深圳某公司海外部上班，負責印度市場。作爲跨科系就業的新人，我每天玩命工作：中午狼吞虎嚥地吃完外賣，擠出午休時間泡行業論壇；加班到很晚，回到家後繼續研究業務；晚上睡不踏實，生怕半夜接到工作電話；週末找印度電影來看，逐句按下暫停鍵，讓耳朵適應難懂的印度英語。

「功夫」不負有心人，正當我工作越做越順時，突然得了支氣管炎，咯出血來，一臉病容。儘管如今看來不算重病，但那時的我免疫力太差，病情起伏，久不見好，只能辭職回老家休養。

再次回深圳工作時，我立志要成爲「奮鬥派中的養生黨」，不管工作多累多忙，都不能忘記「又忙又美」，每日「四省吾身」：飲食健康否，堅持運動否，作息規律否，心情愉悅否。

又忙又美的生活，是工作和健康的平衡。

在深圳工作幾年後，我對持續繁忙的工作深感疲勞，對新鮮多元的活法心神往之，於是搬到二線海濱城市安居樂業。

工作量變少，生活節奏變慢，閒暇時光增加。起初我覺得這滋味妙不可言，可漸漸發覺閒下來容易讓我瞎想：今天擔心社會變化大，自己的競爭力行不行；明天擔心老公會出軌，自己的吸引力夠不夠。

好在我利用閒暇時間開始自媒體寫作，慢慢養成晚上十一點前睡覺、早上五點多起床的規律作息。上班時爭分奪秒完成任務，下班後捕捉靈感看書寫作，工作間隙見縫插針鍛鍊身體。

讓自己充實起來後，哪有精力擔心自己的職場競爭力和感情吸引力，哪有工夫把感情和人際關係中的小事「以小見大」？

工作時專心投入，工作之餘，就想選題，想到好句子興奮極了。寫作之餘，就「不擇手段」地伺候皮囊：思慮過度，就去找師傅幫我按摩頭部，舒緩神經；久坐一陣，就去健身房盡情揮汗如雨，釋放壓力。

又忙又美的生活，**是忙碌和閒暇的平衡**。

我撞過南牆，走過彎路，越來越覺得所謂「又忙又美」的生活，是非常值得追求的。

忙，不是只顧工作，而是工作時全神貫注，是高品質的忙；

美，不是空有皮囊，而是生活時勞逸結合，是全方位的美。

這些年見了那麼多人，最欣賞又忙又美的人。那個愛生活、愛工作的人，和愛自己、愛打扮的人，很可能是同一個；那個在工作上自律的人，和在保持顏值上自律的人，很可能是同一個；那個在工作上懂得時間管理的人，和在生活上懂得精力分配的人，很可能是同一個。

我們總擔心自己的外表不夠美，但「又忙又美」的「美」，我覺得更像雷慶瑤說的：「美不僅僅表現於漂亮的外表和美好的心靈，更表現在敢於向不完美的人生宣戰的勇氣。」

當一個人開始追求又忙又美的生活，才能構築出自己想要的安全感，孵化出正確的價值觀，對自己的能力、感情和人際關係更有信心，便會和患得患失的自己漸行漸遠。

如果說我第一本書的關鍵詞是「自律」的話，那我第二本書的關鍵詞，就是「平衡」，透過一系列的微調，趨近「又忙又美」的狀態。讓我們一起內外兼修吧！

第一章

不可低估一個穿衣好看的女人

美不僅僅表現於漂亮的外表和美好的心靈，
更表現在敢於向不完美的人生宣戰的勇氣。
不是老天給了你什麼，你就是什麼樣子，
而是由你自己來選擇你要成爲什麼樣子。

——雷慶瑤

不可低估一個穿衣好看的女人

我暗中觀察一位同事很久了，因爲她的穿搭很有品味。最近我終於總結出，這個一百七十公分的哈爾濱姑娘穿衣好看和生活習慣之間的映射關係。她能把均碼的衣服穿出高級訂製的感覺，我覺得很大的原因是她著裝的挺拔感，每次見她走路都是雙肩打開，抬頭挺胸。她能駕馭難以搭配的顏色，而且防晒習慣也很好，出門戴遮陽帽、撐防晒傘，開車戴長臂手套。她飲食清淡，聚餐吃火鍋時，也只喝清湯，連吃餃子都不蘸料。從我認識她到現在，她就沒胖過。

聽說她堅持健身七年，幾乎每個假日都去健身房鍛鍊。有一次我陪她逛街買衣服，她試穿了一條緊身褲，把我驚豔到了。我誇她腿長，穿什麼都好看，她走到我身邊與我比腿，沒想到我倆的腿差不多一樣長。她自嘲比例不夠好，高出來的身高沒有長在腿上，而是長在了腰上。以前她總是買韓式高腰連衣裙，假裝自己腿很長的樣子；健身後，腿部的視覺效果修長很多，於是開始肆無忌憚地改穿褲子。

我很詫異，健身還能把腿練長嗎？她跟我講，她這些年經過各種有氧和無氧運動的穿插鍛鍊，小腿變得比以前緊實很多，大腿稍微粗了一點，臀部也有明顯的提拉，整個人看起來重心上移。另外，每次運動後堅持拉伸，如敷面膜時把腿抬起來靠在牆上，雙腿就變得修長了。

聽她說完，我心裡不禁感慨：**永遠不要小看任何一個穿衣好看的女人，她們從體態到膚色，從飲食到健身，都散發著自律和堅持的迷人香味。**

尼采說：「女人如果沒有本能地去做配角，就不會那麼精通穿衣打扮。」我雖然是尼采的鐵粉，但我並不認同他這句話。在我看來，職場上越有主角意識的女人，越是精通穿衣打扮。畢業初在公司接受新人培訓，講師教完各種著裝規定後，對我們說：「看一個人的穿著，就能看出這個人是否尊重這份工作。」

當時坐在臺下的我想，這未免太過形式主義了吧。其實不然。拿我自己來說，我參加一場重要的面試，或見重要的客戶，的確比平時更注重穿著。前一天就提前搭配好要穿的衣服，用掛燙機把衣服熨燙平整，第二天出門前還會用黏塵器在衣服上來回滾一下。

經驗告訴我，穿著乾淨得體，會更加從容自信，事情也會比預期更加順利。**對穿著越是用心的人，工作表現也越好。**

高中時，我們班的語文成績一直稱霸全年級。我還記得語文老師當時穿著寬鬆素雅的旗袍，給我們講宋詞婉約派的場景。她的頭髮盤成髮髻，一枚簪子貫穿而過，眼波流轉地吟誦詩詞，當時我們覺得語文老師簡直是從唐詩宋詞裡款款走出來的才女，同學們更愛學語文了。

前段時間，我讀了主持人楊瀾的《世界很大，幸好有你》，她在書中總結採訪時的穿衣心得：「純白色會顯得膚色黑，純黑色看上去沉悶，細條紋或碎格子的衣服會在螢幕上顯得很『閃』。」

此外，她還需要考慮服裝的樣式、顏色、風格，與採訪環境、嘉賓身分、訪談內容的契合度。如採訪政界要員，就穿單色套裝；採訪藝術家，要混搭出美感。最讓我感慨的一個細節是，遇到剛到飯店就得迅速出門的情況，她就把服裝掛在淋浴間內側，借用洗澡時的蒸氣讓面料舒展開來。

我從楊瀾的「敬衣」，領略到她的「敬業」。

有些人可能會覺得女人花時間在穿衣上，用於鑽研業務的精力就少了，但我一定要反駁。有實力的女人往往更會打扮，女人注重著裝就是一種職業化的表現。在我看來，穿衣好看的人，並不是那些買得多、買得貴的人。正如時尚主編曉雪在《優雅》一書中這樣說：「最不會穿的女人，會把一身Logo穿在身上，再漂亮也是人家Logo的本事，不是人的本事。聰明女人要學會藏起Logo的光芒，讓自己發光。」

我越來越佩服這些把衣服穿出靈魂的人。比如瑪麗蓮．夢露，她能把鉛筆裙穿出無與倫比的韻味。夢露除了擁有天賜的好身材，還有她刻苦訓練的「夢露步態」——據說是削掉一隻高跟鞋後跟的四分之一英寸後，呈現出的走路姿勢。有位導演評價說，夢露只須簡單地邁幾步，就比大多數演員說六頁臺詞蘊含更多意義。

再比如貝克漢的妻子維多利亞。看到貝嫂的街拍，我覺得她就是天生的衣架子，她從來不會有身材走樣方面的困擾。有次看到她在社交網站上晒出一組自己側臥在沙發上，將腿高抬在空中的照片，看她輕鬆的表情，估計平時抬腿早已成了習慣。

又比如政治學學者劉瑜的媽媽。劉瑜媽媽說，當年下鄉勞動的時候，一切講究穿著打扮的行爲都可能被批判爲資產階級習氣，但是她實在太愛美了，於是想出一個法子：「做件花襯衣，然後把領子翻出來。」劉瑜這樣評價她的媽媽：「當年在一片灰黑藍中翻個花領子的我媽，比今天渾身名牌的女星還要時尚。」

以前公司某位新員工，是個女孩，第一天報到時，穿了一套職業套裙，但說話畏畏縮縮，讓人有種借穿了媽媽的衣服的不適感。但隨著她在工作上逐漸獨當一面，業務能力配得上衣服的價格標籤後，她的職業套裙像是爲她量身打造的戰袍，塑造了一種走路帶風、氣場全開的氣質。

你看，這些穿衣好看的人，無一不是把對美的執著、對生活的熱愛、對自己的信仰，統統穿在了身上。**穿衣越來越好看的女人，從外表看，是身材、膚質、儀態的全方位進步；從內在看，是自省、自知、自信的立體化昇華。**

我相信，一個穿衣好看的女人，遠比你看到的更加好看。

愛美的女人最好運

前段時間，我做了個手臂皮膚小手術，那天很早就起來梳洗打扮。

平時只擦防晒霜的我，那天對著鏡子做出八顆牙的微笑，把腮紅抹在笑肌上。

平時只塗唇膏的我，那天翻出嫂子送我的口紅，塗完潤唇膏後再抹上口紅。

平時不噴香水的我，那天新開一瓶香水往空中噴，身體靠近香霧，沾點香氣。

專門請假陪我去醫院的先生，看著我一反常態地精心打扮，滿臉尷尬地問我：「咱們去個醫院而已，至於這麼捯飭嗎？」我回答：「當然至於了，我從小就害怕去醫院，打扮得比平時更好看，我會比平時更勇敢。」

俗話說「人逢喜事精神爽」，但就算遇到不好的事情，我也要精神爽！每次身體不舒服，我就會有意識地化個小妝，塗點口紅，抹點腮紅，絕不讓病容蹬鼻子上臉。每次心裡難受時，我都會翻出顏色鮮豔的衣服穿在身上，一身灰黑只會讓我更加鬱悶。我發現，在妝容或穿搭方面動一下手腳，是切換心情最簡單快捷的方式。

塗口紅的時候需要集中精力，抹腮紅的時候需要面帶微笑，試衣服的時候需要身姿挺拔，那些身上或心上的疼痛，瞬間就變得沒那麼囂張了。

對我來說：**怯懦的時候，愛美可以壯膽；倒楣的時候，愛美可以轉運**。

有一天，我看了一個女兒患有自閉症的美麗媽媽的故事，看完我哭了。

這位名叫依文的媽媽，性格活潑，模樣俏麗，有一雙可愛的兒女，但小女兒在一歲多時，被確診患有自閉症。女兒有溝通障礙，任她怎麼教，女兒都不明白小便應該去廁所、別人的東西不能搶來吃。且女兒認知能力和行爲能力低下，經常情緒失控、歇斯底里，有時甚至會自殘。那種怎麼努力也沒用的挫敗感，讓依文幾乎崩潰。

一次依文無意中瞥見鏡子裡頹喪的自己後，決心好好打扮自己，也好好打扮女兒。她給自己穿上花裙子，給女兒也穿上小洋裝；有空就帶著大兒子和小女兒旅行，去看盛開的花，去追飛起的鳥。

帶著女兒出門並不輕鬆，她可能突然大哭大鬧，打翻盤子，撞翻凳子，倒地不起。女兒無法適應陌生環境，所有的旅程都是她抱著完成的。出門必須打扮，已經是她最後的倔強。依文每次見朋友時，都穿得美美的，還會和朋友討論護膚經。

有朋友不理解，問她外表光鮮亮麗，內心累不累。她說，在人們的主流意識裡，已經對自閉症患兒母親的形象有了蓬頭垢面、不重儀表的默認，但她想帶著孩子優雅地活著，不卑不亢地活著，漂漂亮亮地活著。

後來，女兒開始會笑，生活慢慢變好。

看到這個故事，我內心感動到波濤洶湧。看到她的不幸，我同情；看到她的堅韌，我敬重；看到她的愛美，我落淚。她的愛美，是對不幸生活的華麗突圍，讓自己和孩子生活得更體面，讓美好的自己出現在家人面前，讓自己和生活都發出光來。

倒楣時，愛美的女人會轉運。

上學的時候，我們寢室有個女生不明不白地失戀了，唉聲嘆氣地猜自己哪裡做錯了，整日以淚洗面，陷在回憶裡。後來，我們另外幾個人，敷面膜的時候，就給她一片；跑步的時候，軟硬兼施地拽著她；買衣服的時候，幫她挑幾件讓她試穿。

做這些愛美的事情時，她從毫無心情，到半推半就，再到積極牽頭，狀態復原得比我們想像中快得多。愛美，讓她主動遠離負能量。

雷慶瑤有段題爲「變美的權利」的演講。

三歲時遭遇電擊而痛失胳膊的她，身上有很多標籤：殘疾人游泳運動員、大衆電影百花獎最佳新人、全國自強模範。但她給自己的標籤是：愛美狂人。

她喜歡化妝，就算忙到沒時間，至少也要擦上口紅再出門；她喜歡旗袍，自己設計款式、挑選布料，給自己做優雅的旗袍。

她說，愛美是女人的天性，愛美就是愛自己。**美麗不僅僅表現於漂亮的外表和美好的心靈，更表現在敢於向不完美的人生宣戰的勇氣。不是老天給了你什麼，你就是什麼樣子，而是由你自己來選擇你要成爲什麼樣子。**

愛美，讓自己成爲想要成爲的樣子。

之前，我寫過一句話：「又忙又美的女人，不是一般有出息。」有個與我關係很好的讀者給我留言，她自嘲是又忙又愛美，但其實是不怎麼美的女人。我依然覺得她很有出息。在我看來，愛美比美重要多了。

美，或許是百萬人中只此一人的盛世美顏，或許是一種主觀且衆口難調的感覺，更或許是一個終將被時間稀釋的結果。但愛美的過程，會慢慢激發出身上自律勇敢的一面，增強自我管理的能力，對外傳遞積極樂觀的能量。

對女人來說，世上有種英雄主義，就是在認清人生的不完美之後，依然愛美。千萬別小看一個倒楣時還愛美的女人，因爲她除了想做一個漂亮的女人之外，還想過一種漂亮的人生。

生活的精緻，是把房子住成家

女同事小燕前段時間買新房、搬新家，我和幾個朋友受邀週末去她家「溫居」。一房一廳的房子，裝潢雅致、布置溫馨，於是想起她以前租住的房間，心裡有點感慨：幾年過去了，改變的是她從租客變爲房主，不變的是她總能把房子住成家。

她剛畢業來這座城市求職時，暫住在舅舅家，進公司後就搬了出去。我倆一見如故，等她安頓下來，就叫我去她租的房子吃飯。那時她還在試用期，稅後工資不高，還要交押金和房租，所以租的房子條件有限。

那天也是週末，我拎著水果和盆栽去拜訪她。她租的那棟樓，目測至少有二十年的房齡了，街道治安不錯，但整體環境不是很好，電路還有點老化。但當我進門後，一點沒覺得是租來的老房子，家具不多，但收納清爽、整潔舒適。書桌上鋪著帶有幾何圖案的桌布，上面放著一個插著花的素雅花瓶，床單撞色撞得很好看，窗臺飄著白色的紗簾。

我記得那天有點冷，她從衣櫃裡翻了件衣服給我穿。說是衣櫃，其實就是簡易的不織布衣櫃，但裡面收納得整齊有序，拿出的衣服還有陽光的味道。我驚喜地誇她的房間別有洞天，她告訴我，她住進來後換掉了原先的黑色窗簾和花瓶裡的枯花，還在窗臺上擺了一排長勢喜人的多肉植物。

小燕的用心和巧思，把租來的老房子，改造成了自己喜歡的樣子。她詮釋了什麼叫「房子是租來的，但生活不是」。

總有人說沒時間打理房子，租來的房子將就住，你看看人家三毛。

作家三毛在撒哈拉沙漠開始新生活的時候，租的房子在一個小鎮外的墳場區：「地是水泥地，糊得高低不平，牆是空心磚原本的深灰色，上面沒有塗石灰，磚塊接縫處的乾水泥就赤裸裸地掛在那兒。抬頭看看，光禿禿吊著的燈泡很小，電線上停滿了密密麻麻的蒼蠅。牆左角上面有個缺口，風不斷地灌進來。打開水龍頭，流出來幾滴濃綠色的液體，沒有一滴水。」

沒有錢，她就到家對面的垃圾場拾破爛，拾出了「全沙漠最美麗的家」：「用舊的汽車外胎，我拾回來清潔，平放在席子上，裡面填上一個紅布坐墊，像一個鳥巢，誰來了都搶著坐。深綠色的大水瓶，我抱回家來，上面插上一叢怒放的野地荊棘，那感覺有一種強烈痛苦的詩意。不同的汽水瓶，我買下小罐的油漆給它們厚厚地塗上印第安人似的圖案和色彩。駱駝的頭骨早已放在書架上。我又逼著荷西用鐵皮和玻璃做了一盞風燈。快腐爛的羊皮，拾回來學沙哈威人先用鹽，再塗明礬硝出來，又是一張坐墊。」

三毛十分自豪：「我，走到輪胎做的圓椅墊裡，慢慢地坐下去，好似一個君王。」她把一間沙漠墳場區的房子，住成一個文藝而浪漫的城堡。

一間房屋的狀態，會反映出主人的精神狀態。有時候，沒錢、沒時間、沒精力是藉口，沒心思才是眞相。

當覺得「生活神經」粗糙了的時候，我就會看日本女作家森茉莉的《奢侈貧窮》。書中的森茉莉年輕時就經歷了兩次婚變，晚年清苦，從名門千金淪爲租住廉價公寓的房客。在這本書裡，她一貧如洗，卻熱中於改造她那間位於破陋樓裡六鋪席的斗室。哪怕收入微薄，她也要摳出一星半點來布置房間，攢著稿費買褪了色的地毯和飾品，家裡很多畫和書構築了她的精神世界。雖被周圍鄰居嘲諷，她卻漸漸同情那些嘲諷她的人。

「她房裡的鮮花和玻璃壺，尤其是那一只飾有紫羅蘭浮紋的白色陶器，隨著光影的變幻而隱隱泛著溫潤的光。」「檯燈雖是用便宜貨常用的二模灌組方式製成的，但整體呈現出義大利的美術館裡展示的銅版畫的色澤。」

這是我最愛的書之一，沒事就會拿出來翻翻。我讀著這些句子，總能感受到，作者在黯淡的生活裡體會到的「生命中妙不可言的喜悅」。

我有一次去昆明旅遊，專門去找林徽因和梁思成當年住的地方。

對於林徽因，我深深記著一個細節：戰亂來襲時她遷至昆明，一副病體卻依然能活得精神。她親手營建自家小屋後，還給美國友人寫下流露出喜悅的句子：「我們正在一個新建的農舍中安下家來。鄰接一條長堤，堤上長滿如古畫中那種高大筆直的松樹。」

我看書的時候就覺得那場景美極了，就想去她和梁思成住過的地方看看。碰巧有機會到昆明，幾經輾轉，我找到棕皮營村。可說實話，我很失望，懷疑是不是找錯了地方。房子不對外開放，周圍環境一般，完全不是我想像中的樣子。

我仔細想想，心裡的失望退了。當年的條件應該也不盡如人意，但林徽因夫婦在條件有限的情況下，自行設計並參與建造了這座房屋。

其實房子本不是風景，是居住者把它變成了迷人的風景，但不是每個人都有這樣的能力。

這一點我深有同感。前段時間，我和深圳老友聊天，她提到五年前買的房子，房價幾乎翻了三倍。聊完後我打開二手房APP，看看房價。我看到好幾套價值六、七百萬人民幣的房子，又髒又亂，尤其有張臥室照片，感覺床單幾年沒洗，隔著螢幕都快聞到味兒了。

我最後也發出羅振宇式的同情：「給你多少資源，你擁有多少錢，你仍然過不好這一生。」

我有個朋友斥巨資在市中心買了房子，但我去了第一次後，就不想再去第二次了。家裡鞋子、襪子東一隻西一隻，桌上放著外賣盒，沙發上橫七豎八地放著很多不知道乾不乾淨的衣服。

我羨慕他們能在寸土寸金的地段買得起房子，卻爲他們在那麼貴的房子裡住不出家的味道而感到遺憾。我喜歡到朋友的家裡做客，但不喜歡到朋友的房子裡做客。

什麼樣的人能把房子住出家的感覺？是那些有創造力、懂得審美、有動手能力的人，是那些不管生活怎樣對他們，他們都會好好生活的人。

這樣的人表面看是花精力維護居住環境，其實他們更在乎內心的感受。

要對把房子住成家的人保持敬意，因爲他們堅持著由內而外的精緻。

當你放棄自己的時候，你就老了

最近看了日本作家沖幸子的書——《精彩人生的一分鐘小習慣》。

在第一篇文章裡她就寫道：「我的目標是看起來比實際年齡年輕十五歲，爲了這個目標，我始終用心維護自己的身體健康。」

好巧，我也是。

很早以前，我就給自己定下了階段性的小目標：三十五歲之前，看起來比實際年齡年輕五歲；五十歲之前年輕十歲，五十歲之後向著比實際年齡年輕十五歲努力。

我好奇：沖幸子是怎麼做的？

吃飯篇：買菜時根據「七色板」（紅、黃、綠、白、茶、黑、紫）來選購時令蔬菜；吃飯要講究順序，先吃蔬菜（植物纖維），然後吃魚或肉（蛋白質），最後吃米飯或麵包（碳水化合物）。

運動篇：在日常生活中不放過任何鍛鍊機會，穿襪子或褲子都要抬起腿站著穿；沒空去健身房，也要趁看電視或聽音樂時原地踏步；逛街時會透過櫥窗裡映出的身影，檢查自己的姿態。

睡眠篇：睡前盡量不要接收過多的資訊，實在睡不著就鑽出被窩做瑜伽，給腳踝和腿肚子做按摩。她相信把寫著願望的紙或喜歡的人滿臉笑容的照片放在枕頭下，會睡得格外香甜。

抒壓篇：熨燙衣服時，會在蒸氣熨燙機的水裡加入一滴香水；留意生活中令人感動的瞬間，閒著沒事就想些高興有趣的事，想到哈哈大笑爲止；每天早上起床，打開窗戶做個深呼吸，清空身心壓力。

待人篇：送客出門時會在心中爲客人祈禱平安，與人對視時笑著打招呼，說話有禮，熱心助人；在生活中盡量做一些能夠使他人感到高興的事，這麼做會讓自己覺得很幸福……

儘管這些小事用時幾乎不超過一分鐘，作者也沒有傳遞出任何苦澀感，但我絲毫不覺得，讓自己看起來比實際年齡年輕十五歲是件輕鬆的事。

我透過現象看到的本質是：**千萬別低估了那些看起來顯得年輕的女人。她們對待生活有**

著超凡的洞察力、執行力和信念，對自己的身體心懷敬意。這樣的女人眞不簡單，連時間和衰老想對她們下手前，都得仔細掂量掂量。

綜藝節目《王牌對王牌》，某期請了劉嘉玲、韓雪、寧靜等逆齡女星前來參加。其中一個環節來了四位嘉賓，讓明星找出其中謊報年齡的人。

一號，四十四歲，她有一個二十一歲的女兒和一個十三歲的兒子，相信筋長一寸壽長十寸，經常雙手背在背後合掌，整個人洋溢著少女氣息。

三號，五十六歲，她有三個小孩，孩子的年齡分別是二十四歲、二十二歲、二十歲。她說她的凍齡離不開兩根擀麵杖，有事沒事就拿擀麵杖擀腿、敲膽經、滾肚子。

四號，五十二歲，文工團的舞蹈演員，《芳華》的原型，看電視、做家務時，把舞蹈基本功融進去，炒菜時腿部做擦地狀，洗臉時做鬼臉鍛鍊臉部肌肉。

二號，謊稱四十五歲，但其實三十五歲的她也比同齡人年輕很多。

天生麗質的女明星也頻頻驚呼，萬萬想不到四位嘉賓看上去如此年輕。

劉嘉玲說：「我覺得老不是一天的事情，老是突然之間來的。當你放棄自己的時候，你就老了。」

這個節目環節勵志、感人、乾貨多，創意方法我都記在了小本本上，還買回一根擀麵杖，但我沒堅持多久，所以我更佩服那些看上去比實際年齡小很多的女人。比起懂理論、會妙招，更難的是踐行；而比踐行更難的是，幾十年如一日的堅持。

我也有虛榮心，雖然從不介意實際年齡，但別人誇我顯年輕時，我內心就十分得意。比如去買衣服，店員知道我的年紀後，誇張地說以為我是大學生；我婆婆也說雖然我比她兒子大四歲半，但看起來好像比她兒子還年輕。

我知道這是別人情商高、會說話，要是誇我有多漂亮，我自己也不信。在我看來，誇人看起來比實際年齡小，比誇人漂亮更讓人高興。

因為年過三十後，年輕的每一歲，都是靠自己努力掙來的。我一直在思考一個問題：顯年輕的人，有哪些共同點？據我觀測：

1.用自律「打底」的生活習慣

常規方法無非是飲食均衡、作息規律、堅持運動、心情愉悅這老生常談的四大「護法」。非常規方法，請參見前文沖幸子和綜藝節目裡那些辣媽的方法。

我覺得不做防晒最容易變老，早些年我見過一個比我小三歲卻沒有防晒習慣的女孩，臉上的細紋比我多出許多。

但因爲我以前防晒做得太到位，所以被檢查出嚴重缺乏維生素D，現在只能遮起臉來晒身上，回到家必須多吃水果、多喝湯。

雖然我們需要努力保持年輕，但用力過猛，也會適得其反。

2. 讓自己的內心有鈍感力

出生於民國時代、從小美到老的演員秦怡，是我心中的榜樣。

秦怡的第一任丈夫不僅酗酒，還家暴；第二任丈夫因胃出血，臥床不起；兒子從有憂鬱症傾向，發展成思覺失調且無法治癒；後來秦怡自己還被查出患有腸癌。

她經歷的事，但凡有一件讓我碰上，我立馬就會崩潰。但她的鈍感力，使她從未陷在困苦裡自怨自艾。據說她演戲還帶著兒子，「演完戲還被兒子打，我只能求他別打臉，因爲媽媽還要演戲。」她的口頭禪是「算了，算了，算了」。

她的「糊塗」與「鈍感」救了她，出演《妖貓傳》裡的老宮女時，你看得出她九十五歲了嗎？

3. 與世界產生高質感關連

我老家有個阿姨，長得漂亮，性格溫柔，四十多歲了，至今未工作過，她從條件好的父母那兒，「無縫」嫁到條件更好的老公那兒。

前幾年我見過她，皮膚依然細膩無瑕，身材依然苗條纖細，但我並不覺得她迷人，因爲她死氣沉沉，毫無精氣神。我見過很多顯年輕的美女，樣貌未必無可挑剔，但她們眼神裡有火苗、心中有火花，總是懷著好奇心向前探索。

我曾聽一個做代購的美女說：「在電視上或路上看見貨櫃，總覺得其中某個貨櫃裡的東西經過我手。」也聽寫作搭檔慶哥說：「想到自己寫的文章，不知道何時何地何篇，被人看到、給人鼓勵，心裡就覺得很滿足。」

在平凡的工作和生活中發現自己的不平凡，感覺自己和世界產生著關連，自己做的事讓別人稍微感到幸福，這樣的人在精神上會青春永駐。

我的偶像尼采曾說：「一個人只有充滿矛盾才會多產，只有靈魂不疲憊、不貪圖安逸，才能永保青春。誰放棄了戰鬥，誰就放棄了偉大的生活。」

是的，誰放棄了自己，誰就放棄了顯得年輕的可能。看起來顯年輕的女人，總是期待自己今天晚上睡覺時，比今天早上起床時優秀一點、自律一點、豁達一點。這樣的女人，都不好惹。

持續自律的女人，顏值都很高

持續自律，讓身材越來越好

前段時間，我去了一家朋友介紹的健身工作室。

測完身體各項指標後，列印分析報告的間隙，我四處轉轉，看見一面牆貼著學員健身前後的對比照片。這面牆壁充分印證了健身房是「大變活人」的魔術場地。

我的目光停留在一個學員的背面照和側面照上。

訓練之前的背面照，她雙手叉腰，肩胛骨往後用力夾，背部的脂肪朝外凸顯出來，手臂肉有垂墜感；訓練之後的背面照，她雙臂在身體兩側向上舉起，握拳彎曲肘部，後背的肌肉變得平整，手臂肌肉線條緊實。

訓練之前的側面照，她穿著露肚子的健身衣，明顯看到露出的肚子比健身褲凸出一截，臉上的肉「超載」到有點往下掉的感覺；訓練之後的側面照，馬甲線的線條很明顯，單看側臉都能感覺到她的臉小了一大圈，且臉部發緊，之前深深的法令紋已經變得不太明顯了。

這兩組照片把我看燃了，我指著這位學員的照片問教練她練了多久，教練說這是這家工作室兩年前學員的照片，加上也不是那位學員的私教，具體情況不太了解。後來教練拿著我的身體指標，結合我的健身需求，帶著我開始訓練。

過了一會兒，另一組教練和學員入場鍛鍊。我的教練給我使了個眼色，原來我剛剛打聽的那位勵志學員也來訓練了。

我趁甩戰繩的間隙，忍不住偷看鏡子裡的她，感覺她比牆上那組訓練之後的照片更健美、更青春。我訓練完時，近距離地看她甩戰繩。她躺在墊子上，頭腳離地，呼吸均勻地垂直甩、水平甩。

她滿臉大汗、皮膚泛紅，全身呈現出有力量、有美感的線條。我看到牆上她的對比照片已經很是驚訝，看到真人時，內心是既感動又佩服。

雖然我不知道她在健身這條路上自律地堅持了多少年，但她讓我相信：持續自律的女人，身材會越來越好。

持續自律，讓膚質越來越好

我有個女友人，戒糖戒了好多年。

記得很早以前，我和她一起逛商場，渴了，我指著甜品店問她要不要進去坐坐，她猶豫了一下，問我要不要去剛路過的鮮榨果汁店，我說都行。她挽著我的胳膊去點單，路上她告訴我，她在戒糖。

果汁店員把幾樣新鮮水果放在榨汁機裡，然後拿出一個小量杯，盛著不知道是蜂蜜還是糖漿，女友人急忙告知他不用加了，她只要水果和水就行。

我倆邊走邊喝，我好奇地問她為什麼戒糖。她說她以前皮膚很好，在重慶讀大學和研究所那幾年，天天涮火鍋、吃辣椒，對護膚很少上心，但皮膚依然白嫩，還有滿滿的膠原蛋白。畢業後到沿海城市上班，不知是水土不服，還是壓力大，臉上開始長痘，痘痘消了後，毛孔變得比以前粗大了。

或許每個人對自己的外貌都有執念吧。在我眼裡，女友人一直在美女的行列，偶爾長痘也是瑕不掩瑜。她為了改善膚質，決定改掉自己的壞習慣，不熬夜，多運動，勤防晒，常護膚。在吃的方面，她像拿自己做人體實驗一樣，先戒一段時間海鮮，對比皮膚狀況；再戒一段時間辣椒，再做對比，就像神農嘗百草一樣。後來，她發現讓她長痘的主因是甜食，吃奶油蛋糕，第二天長痘的機率直線上升。

於是她開始戒糖，不是水果、米飯這類天然糖，而是糖果、甜品、奶茶這類人工糖。買零食必看成分表，有「白砂糖」一類配料的零食根本進不了她的購物車，甜甜圈、巧克力蛋糕這類甜食她幾乎都不碰。

我不愛吃甜食，所以低估了她戒糖的難度係數。但她說這些以前都是她的最愛，戀愛甜蜜要吃甜食慶祝，學習壓力大要吃甜食解壓。我將心比心地拿我愛吃的食物對比，突然覺得她對自己真狠。

我問她戒糖後膚質有什麼變化，她說粉刺少了很多，皮膚出油減少，還成了易瘦體質。她倒也不覺得吃甜食像吃了毒藥一樣惴惴不安，只要能做到盡量少吃就是賺了。

我認識她五年了，見過她以前長痘的樣子。她對飲食的自律讓我覺得，儘管每個人皮膚的狀況都不一樣，但找到適合自己的方式，長期堅持，總會有所改善。

持續自律，讓體態越來越好

哥哥嫂嫂從深圳過來看我，嫂嫂無意間誇我走路滿有氣質。蒼天啊！大地啊！我的自律總算沒白費。

我從小體態就不太好，小時候長得高，爲了遷就同學，經常駝背。爸媽每次看到都會從背後給我一記「玄冥神掌」，他們越是說我，我越嗤之以鼻。長大後我嘗到了惡果，看到被抓拍想打人，看到錄影想走開。

我的頸椎常年不舒服，每次丟舊鞋時，都會發現鞋底傾斜，去按摩時被師傅說兩邊肩膀不一樣高、不一樣厚。有次我去找矯正體態的老師，他讓我站在一個定點閉上眼睛，原地踏步，盡量把腿抬高。我閉眼走了半分鐘，睜眼一看，離原地一公尺多，而且轉了個身。

老師說我骨盆前傾加側傾，有點圓肩，幫我分析了原因，並教了我幾個發力動作。我覺得自己沉積多年的不良姿勢未必能在老師的幾個動作下得以矯正，而是需要在日常生活中多多注意。我的一個美女朋友告訴我，貼牆站對體態很有幫助。我就堅持每天貼牆站十多分鐘，讓後腦勺、兩肩盡量貼近牆壁，還經常用雙手在背後緊握上拉。

不是我自誇，我覺得自己體態上的進步，比其他方面都大。最近幾次回家，爸媽再也沒給我用過「玄冥神掌」。

寫到此處，此時在打字的我，肩胛骨是打開的、脊背是挺直的，眞想給這樣的自己頒個獎。

顏值高的人，不只是顏值高

我看過這樣的數據：長相一般的比長相漂亮的薪資低百分之十五；長得胖的比身材好的薪資低百分之十七；身材高䠷的比矮的工資高百分之十六……

我沒查具體的出處，但經驗告訴我，顏值高的人、身材保持得好的人、膚質維護得好的人、體態儀態不錯的人、妝容打扮得體的人，不僅薪水高，而且更容易獲得升遷機會。**那些對自己的身材、皮膚和體態管控能力強的人，很可能對工作、人際和修養有同樣好的管控能力。**

減過肥、護過膚、塑過形的人都知道，一點可見的進步，背後包含著很多判斷力、執行力和忍耐力。

曾有位讀者問我，怎麼看待「顏值就是正義」這句話。我想，顏值不單指臉，還包括身材、皮膚、體態，甚至妝容和打扮，是人們第一印象的總和。在我看來，顏值的進步，才是正義。

顏值高的女人，都有持續性的自律能力，而這樣的女人，高的又何止顏值啊。

理性，是一個女人最高級的性感

某青年才俊兩眼放光地告訴我，有個理性的未婚妻是種怎樣的體驗。

每次吵架鬥嘴時，在唇槍舌劍中她仍然保持著「第一、第二、第三」或「首先、其次、然後、總之」等語言陣型，條分縷析、層次遞進；講和後幾天內，她會深度剖析產生分歧的原因，從三觀形態到溝通模式，從潛意識到微表情，並給出幾條避免爭吵的建議以供討論；有次在地鐵上遇到無理取鬧的人找碴，下地鐵後她只鬱悶了一會兒，心情就恢復了，她說生氣會合成皮質醇，影響內分泌，以致肝氣鬱結，變老變醜；她去專櫃買護膚品，從不信廣告宣傳、櫃姊糊弄，自己專注地研究成分，有次記下某大牌精華液主要的專利成分，回家查萬方數據庫後決定不買；問她爲什麼和前任分手，她說相處一段時間後明白，自己對前男友只是好感和依賴，並不是愛情，早點分手對彼此都好；有次他胳膊上長了顆囊腫，自己胡思亂想，她知道後，翻閱文獻，問她學醫的同學，分析各種機率，拿出積蓄陪他去醫院，說會對他不離不棄。

他說認識未婚妻之前，從沒料到一個理性的女孩竟這麼迷人。

隨著年齡的增長，我越來越欣賞理性的女人。就拿影視角色來說，以前喜歡的那些活潑可愛的小公主、天真無邪的傻白甜，現在幾乎都入不了我的法眼。

現階段深深把我迷住的，是《紙牌屋》裡野心勃勃、冷靜穩重的克萊兒；是《傲骨賢妻》裡身負醜聞、倔強堅持的艾麗西婭；是《國務卿女士》裡運籌帷幄、屢破困局的伊莉莎白；是《歡樂頌》裡理智嚴謹、高冷高能的安迪。

這些角色的共同點是理性，就算婚姻無常、事業處於低谷、人生坎坷，但她們披著理性的盔甲，既能實現自我，又能保護自我。

女演員中，我很喜歡孫儷。俞白眉導演這樣評價孫儷：「外表越來越柔軟，內心越來越堅定，她認準的事，誰也攔不住。比如結婚，比如生子，比如生第二個孩子，都是她自己拿主意。她有種女性中少見的理性。」

一次，俞白眉一家和鄧超一家去海邊旅行。鄧超看著海景逸興大發，在前面歡快地奔跑，感歎生命的美好，而孫儷則在後面幽幽地和俞白眉談工作：「有幾個劇本你幫我判斷判斷……」

孫儷有著嚴格的食譜、作息時間和情緒管理方式，鄭曉龍導演評價她爲「生活裡四平八穩，演戲卻很有爆發力」。

理性的生活，支撐起她感性的表達；理性的分析，提高了她遇到好劇本和名導演的機率。**理性的女人，會活得更順風順水。**

曾有個女讀者私訊我，說自己愛上了一個不該愛的人。

他工作不求上進，還當著朋友的面嫌棄她，戀愛中勾搭別人，吵架時對她爆粗口。她知道男友有很多缺點，但仍然愛得如痴如醉，把自己弄得遍體鱗傷。

我對她的情況並不了解，不敢貿然評價，只是幫她分析原因，她也逐漸理清頭緒：自己感情和生活的破碎，從把虐戀當眞愛開始，從丟失理性開始。她希望自己能變得理性一些，至少不被劣質感情傷害。

她問我：「爽姊，一個女人怎樣才能變得理性一點？」

我看過「雨果獎」得主郝景芳的一篇專訪。她在清華讀書時深陷焦慮，覺得自己很多地方不如別人。在發現自己不對勁後，她開始寫「自省」小說，冷靜地審視自己，學習心理學，解除困惑、緩解焦慮，自我糾錯，自我療癒。

她的一句話被我記在小本本上：「人最終要走上一條由自我意志推動的路，你越痛苦，就越說明周遭處境和你的意志不匹配，於是你不得不改變你的處境。」即使是清華的學霸，依然會被別人打敗，但郝景芳分出一個高度理性的「自我觀察者」靈魂，一步步牽著自己的手走出困局。

我採訪過張萌。她之前做了個名爲「衆樂樂」的微博抽獎活動，讓獲獎者連繫本人，結果獲獎者直接去找官方微博，而假期官方微博未及時回饋，獲獎者竟將張萌的微博舉報了。幾十萬粉絲的帳號差點鬧到要封號的地步，她立馬站在獲獎者的立場將問題解決了，事後並在各個部門間追本溯源，確立新規。

很多人遇到這種情況，都會罵罵咧咧地責怪獲獎者。但她沒有情緒化地處理此事，而是冷靜分析，深挖原因，明確機制，歸納演繹，避免在同一個地方跌倒兩次。

能理性做事的人，也會理性休息。

採訪張萌的時候，聽著她每天密密麻麻的安排，我問她：「保持如此強度的理性會覺得累嗎？」她說：「比起理性的累，我更討厭不可控的感覺。選擇理性，是因爲理性做事能規避風險。」

身心的疲乏可以用理性的方法來恢復。她查閱文獻，鑽研身體的奧祕，用很多方法激發出身體最好的狀態，當身體狀態最好的時候做重要的事。比如看電影「附體」別人的人生，用「甜橙＋葡萄柚」香薰驅趕壓力，練習高溫瑜伽、做ＳＰＡ，重拾活力。

理性的女人，犯錯後知道及時止損，遠離耗費自己心力的人，把時間花在美好的事上，活在從眾心理之外。

在命運失控時，構築生活中的秩序感，讓自己撐下去、好起來。

攘外必先安內，如何安內？先從理性開始。

女人，越打扮越好看

前段時間我媽住院，我在醫院陪護時，同病房的一對母女引起了我的注意，因爲她倆太愛打扮了。

阿姨和她女兒打扮的細節讓我印象深刻。

擦臉：病人大多只拿條熱毛巾擦把臉就算了，阿姨的女兒則每天早晚端來熱水給她泡腳，再把護膚水、面霜、眼霜擺放整齊，讓阿姨一邊舒舒服服地泡腳，一邊全身放鬆地擦臉。

穿衣：病人穿的睡衣大多是樓下小店老氣橫秋的款式，而阿姨自帶的暖色修身棉質睡衣，讓氣色和精神顯得很好。她下床走路時，即使腹部有傷口，脊背也盡可能挺直。

梳頭：病人頭部插著管子不能洗頭，經常躺著，所以都放棄了髮型，但阿姨格外注重頭髮，每次起床都會梳個頭。天熱時用熱毛巾一縷縷地擦拭頭髮，頭髮乾後又變著花樣地編髮。

她女兒也特別愛打扮。我們作爲病人家屬陪護，晚上都是在病房裡鋪張行軍床就睡了，那幾天我又累又喪，一切從簡。阿姨的女兒與我形成鮮明對比，晚上洗漱後認眞護膚，早上從洗手間出來後，臉上有好看的淡妝，身上也有好聞的香味。

這對愛打扮的母女，不僅成爲病房的美麗風景，更讓病房充滿勵志氣息。

阿姨脖子上插著CVC管，仍腦袋後仰、閉著眼睛、表情享受地輕拍眼周的模樣，不僅震撼了我，更觸動了我媽——讓人覺得阿姨有一種「船到橋頭自然直」的鎮定和體面，絲毫未被病痛嚇倒。

有天陪我媽下床走路，我媽感慨，女人無論如何都要愛美，就算日子再難，也要好好打扮。經過一番打扮，心情就會變好，人也更有精神。像那位阿姨一樣護理皮膚、注重穿著、挺直腰背，連氣色都會好很多，病友和護士都誇讚她，對她也是積極正面的鼓勵，結果她眞的恢復得很快。

那是我第一次覺得愛打扮的女人這麼了不起。那種不管境遇與現狀如何，都要精心打扮的堅持，讓人顯得神采奕奕。

以前看過一個阿根廷的彩妝廣告：即將出獄的四個不同年齡、不同背景的女人，卻有著相同的畏懼和無措，她們擔心重新融入社會比監獄生活更加艱難。這時，一群化妝師走進監獄幫她們打扮，她們欣然接受，並主動溝通。嶄新的髮型、閃亮的眼影、明亮的口紅，鏡子中的她們越發自信、興奮，相互誇讚，開懷大笑。

打扮好的那一刻，她們覺得已經準備好了迎接重生。沒有懼怕，不再躊躇，勇敢走出監獄，投向家人的懷抱。

這個廣告我一直銘記於心。一個特殊的故事，傳達一個普世的觀念：「美」對大多數女人來說都十分重要，透過好好打扮，喚醒美麗與自信，獲得取悅自己、笑對困境的力量與勇氣。

英國協議脫歐，全球譁然，首相卡麥隆黯然離職，繼任者梅伊倉促上任。愛打扮的梅伊一直是「政壇超模」，她從不重樣的高跟鞋被廣大女性同胞持續熱議。

當天她頂住巨大的壓力接過「燙手山芋」，踩著一雙豹紋高跟鞋，穿著黑黃拼接的大衣，入住唐寧街十號的首相府，引得媒體紛紛以「豹紋高跟鞋將統治英國」來報導她的上任。穿著色彩明亮的梅伊，讓民衆精神爲之一振，她發出有力的宣告：「脫歐就是脫歐，我們將使之成功。」

一個愛打扮的女人，即使深陷困境，也依然會給人們一種「我有自信」的優雅，以及「我能搞定」的力量。

叔本華曾說：「精心打扮，假裝具有某種素質，其實就是承認自己並不具備這樣的素質，是種自我譴責和貶低。」

叔本華很多話都開導過我，但我拒收這句。對於打扮，還是女人更懂女人。

西蒙．波娃說的這句深得我心：「人們常說，女人打扮是爲了引起別的女人的嫉妒，但這並不是唯一的目的。透過被人嫉妒、羡慕或讚賞，她想得到的是對她的美、她的典雅、她的情趣——對她自己的絕對肯定。她爲了實現自己而展示自己。」

有句老話叫「人逢喜事精神爽」，但我更佩服把打扮當成喜事的女人。

之前有位讀者「深白色」給我留言，她說：「每次在工作和生活中管不住自己脾氣時，都是自己沒化妝、沒打扮的那一天。而打扮得美美的時候，感覺一切都很美好，連發脾氣都覺得是對自己光鮮外表的褻瀆。」我喜歡她對打扮的詮釋。

第一次見到我先生的外婆時，是在一個霧霾天，她出門迎接我們。她穿著藏青色的呢子大衣，戴著暗紅色皮製手套，精神抖擻，神采飛揚，感覺與八十多歲的高齡沒一點關係。後來無意間聽人說起，外婆每次出門前都會精心打扮，臉上手上有幾顆老人斑，也要用粉底遮瑕。愛打扮的外婆眞是可愛。

認識再多愛打扮的女人也沒用，要自己成爲愛打扮的人才有用。至今還有人把內涵和外在對立起來，甚至以此來諷刺愛打扮的人就像一個精美的燈籠架子，裡面沒有燈。但我更相信，一味標榜內在而忽視外在，也是一種膚淺。一個女人是否愛打扮、打扮得好不好，是她價值喜好、生活方式、性格教養、審美品味的外延，你甚至能從她的打扮方式看出她目前的生活狀態和理想願景。

打扮並不是一種簡單的行爲，愛打扮是一種態度，會打扮則是一種能力。打扮既需要充分的自我認知，還得有時尙美學的知識儲備，最重要的是，不管今天境況好壞，都願意維持一種創作的心情，給自己和別人一點驚喜和美好。

即使像我這樣不熱中於打扮的人，也能從打扮中撈到不少好處。每次當我生病或心情不好時，只須簡單地在妝容或穿搭方面「動下手腳」，比如洗頭洗澡、化個小妝、塗點口紅、抹點腮紅，把身上灰黑的衣服換成色彩明亮的，我就能振奮精神。

打扮過程中，我對著鏡子中的自己，塗口紅時精力集中，抹胭紅時面帶微笑，試衣服時挺直腰背，痛苦被一點點地稀釋，能量被一絲絲地聚集。這讓我明白：**人不能被動地等著「人逢喜事精神爽」，當遇到糟心事、感到不順心時，要主動打扮自己，讓精神變「爽」**。

一個精心打扮的女人，周身都會洋溢著蓬勃的氣息，彷彿人生的好牌不發到她手上，她都不服氣。

女人，都是越打扮越好看。

女人要強，也要美

某晚想念兒時玩伴，與她視頻。接通後，看到她貼著眼膜、泡著腳，給手機找了個能拍到正臉的位置後，拿起面部按摩儀，輕推額頭上的川字紋，輕刮下頜旁的淋巴管。

她跟我撒嬌，說最近要強得很，雖然全年業績指標已經完成，但爲爭取新客戶的訂單，這幾天一直在琢磨博弈策略，演練PPT，預設客戶超綱問題的應答。

得知她第二天有硬仗要打，我提議掛掉視頻，等簽完單再聊。

她拖著我又聊了一會兒。「我要強，也要美。」她停止按摩、卸下眼膜，說工作準備充分，形象準備也要跟上。等一下熨燙套裝，晚上早點休息，明天要以最佳氣色登場。

我記下她講的「女人既要強，也要美」的觀點。

幾年前，她爲了拿下客戶，下了很大的功夫，胸有成竹，卻慘遭拒絕。當她換位思考，看到鏡子裡自己膚色暗淡、面色憔悴，衣上有褶、褲子發皺時，她說：「客戶才不會心疼我太拚、體諒我太累，只會覺得我在合作之前就已經自顧不暇，合作以後，如果發生意外呢，我肯定會更加狼狽。工作努力的人，更懂得外表的重要性。」

這讓我想起一些危機公關專家的說法：良好得體的氣色、打扮、穿著和姿態，都在傳達著「困難壓不垮我，我尚有餘力照顧外表」的潛臺詞。

既要強又要美的女人，是個既可愛又可怕的物種。

我兒時玩伴先要強，再要美；我認識的創業妹子韓淑琪則是先要美，再要強。琪琪自小就比同齡女孩愛美，初中便教同學化妝，大學愛關注穿搭博主。當她覺得賺錢的速度追不上要美的速度時，要強之心便開始崛起。

大學時，她開過淘寶服裝店和皮膚管理店，後來出國留學前把生意轉了出去。在美國遇到投資人，拿到資金，回國創業。她的創業項目叫「美妝空間」，一個開在商場、機場和辦公大樓的共享化妝空間。

工作遇到困難的女孩進去化個妝，走出「盒子」後更加自信；到處跑客戶屢遭婉拒的女孩進去補個妝，走出「盒子」後迅速「復活」；失戀痛苦的女孩進去待一會兒，走出「盒子」後狀態好轉……想到這些畫面，她覺得創業帶來的價值感，極大地抵消了付出的辛苦。

創業累腦累心，產品設計不滿意，工廠產品不合心。每當頻頻碰壁、無功而返，自我質疑的灰暗情緒冒出時，她就把自己打扮漂亮，解壓又勵志。

有次聊到她的招聘標準，她說「內心要強，外在要美」是她最想招的人，能力是基礎分，形象是附加分。因爲這樣的人，她們的自制力和高標準要求有很大的機率會貫穿在業績拓展、時間管理和形象保持上。

不管你是先要強再要美，還是先要美再要強，在我看來，都是殊途同歸的美好。要強，不是咄咄逼人，而是專心做事、拚事業；要美，不是空有皮囊，而是勞逸結合，懂得犒賞自己。

我們不妨來研究一下既要強又要美的重要性和可行性。

1. 既不要強，又不要美，那多沒勁

我採訪過育兒博主陳熠，她是主持人馬丁的老婆。生完大女兒後的她事業停滯，無心向美，身上長出二十五公斤脂肪，黑眼圈不請自來。每天照顧孩子換尿布，跟老公和婆婆找碴，披頭散髮、不修邊幅。

後來，學過服裝設計的她買來布、線、縫紉機，在家做兒童服裝，當上了育兒博主。無心插柳的事業有起色後，她開始要美。她把一直想戴牙套矯正牙齒的想法落實了，每隔三週去調整一次，調整完後的一週只能吃流質食物，因此瘦了下來。

要強以後，她創立兒童服裝品牌，上電視融資；要美以後，她陪女兒跳芭蕾，和老公練搏擊，向婆婆學養生，逐漸進入品質生活的循環中。

2. 既要強，又要美，是種平衡能力

電視劇《我的前半生》裡，在一個鏡頭中，職場女強人唐晶鋪開瑜伽墊，把工作資料放在瑜伽墊旁，戴著耳機、聊著工作，邊壓腿邊看資料，讓我難忘又敬佩。

記得王瀟寫《米字路口問答》時，每天早上選出打算回答的問題，就去洗澡。她發現自己洗澡時思路暢通，洗完澡，敷著補水面膜，靜心思考，寫回信，最後集結成書。她說：「在照料皮囊的同時，不停止思考和工作，一箭雙鵰。」

好朋友琪琪跟我說起她最近見的一位女投資人，顏值和身材好到沒得挑。琪琪問她如何在高強度的工作中保持高顏值，女投資人回答她，哪怕出差，她也要每天去飯店健身房鍛鍊。

細細觀察這些既要強又要美的女人，我非常佩服她們的精力管理、高度自律和一心多用。

3.既要強，又要美，是一種明智取捨

可能有人覺得，女人既要強又要美，活得好累，但我的理解恰恰相反。這是一種抓大放小的斷捨離。

我看見身邊不少女性，總爲不值得的瑣事糾結，與不合適的男人糾纏。比如過度解讀室友的一句陰陽怪氣的話、跟三觀不合的人辯論多個回合、擔心別人背地裡說自己壞話、熬夜翻看前男友的現女友的蛛絲馬跡、沒好感的曖昧對象的朋友圈也要拉到底……

如果能「聯合置頂」要強和要美，當你忍不住爲自己改變不了的人和事瞎想並鬱悶發火時，請捫心自問：這事能讓自己變強還是變美？如果不能，趁早止損。

爲什麼不置頂感情？感情畢竟是兩個人的事，男人自有他的運行軌跡，優質感情可以滋養你，要好好珍惜；劣質感情則會損耗你，不要也罷。這不是站著說話不腰疼，而是疼過以後，深深覺得爲情萎靡只會耽誤正事，加速憔悴，我們只須練習要強和要美這兩件大事。

別信什麼女人要上得了廳堂，下得了廚房，殺得了木馬，翻得了圍牆，鬥得過小三……在我看來，緊急的事不多，做好要強和要美就夠了。

未來有多美，我不確定，但要強和要美的女人會有更精彩的未來，這我確定。

長得美的人，往往想得更美

一個準媽媽邊吃飯邊訴苦，說自己有幾個產檢指標不太好。飯桌上四十二歲的F姊對她說，負責把她的指標補齊的是醫院，她只負責吃好睡好心情好，最關鍵的是凡事要想得開、想得美，這對她和孩子都非常重要。

F姊生過兩個男孩，三十多歲時生了第一個，去年又生了第二個，看她的皮膚和身材，被認爲才三十出頭是常有的事。她指著自己臉上的一對梨渦開玩笑說，自己的梨渦大概是她媽媽懷孕時笑出來的。她媽媽懷她的時候，親人去世，經濟堪憂，但她媽媽覺得難過沒用，就逼自己想開心的事，每天笑，結果生出了自帶梨渦的F姊。

F姊當年懷老大時，黃體素很低，她越想越怕，幸虧傳承了母親的樂觀精神，試著把事情往好處想，結果生產過程出乎意料地順利。她說，自己兩次懷孕，遇事都想得美美的，最大可能地保持好心情，所以兩個男孩都很愛笑，很少哭鬧磨人，自己也輕鬆愉快。

F姊總能在不順的時候，找到讓自己和別人都開心起來的事。繞了彎路，她說看了很多平時看不到的美景；吃錯東西，她說拉肚子就當減肥瘦身了。她遇事總往好處想這個優點，我特別喜歡。

我的一個女友人，最近總是認爲男友移情別戀了，以致眼瞼腫脹，淚溝明顯，雙眼無神，面色灰暗。**一個女人的變醜之路，就是從想得糟糕開始的。**

我覺得她的這種思維很可怕，勸她別把沒有根據的事想得那麼糟。

感情中，你去想他對你的好，想你們愛情的好，你們關係也會好。退一萬步說，你把感情想得好，他辜負了你，你傷心的起始時間是夢醒時分。

但你把感情想得差，老是等著樓上那隻靴子落地，難過期會從戀愛持續到分手。爲什麼不讓自己開心久一點呢？難道沒有其他重要的事情去做嗎？

很多事，**想得美就約等於吸引力法則，你會把好運吸引過來；想得糟則約等於墨菲定律，怕什麼就來什麼。透過想像把苦難都演習一遍，是對自己最大的折磨。**

時隔多年，我重看日劇版《惡作劇之吻》。以前喜歡又帥又酷又有才的入江直樹，現在覺得人傻話多成績差的相原琴子，她身上的熱情和活潑迷人至極。現在我最愛看的情節，就是琴子腦子裡幻想出來的那些美好。

成績很差的她通宵複習又睏又累時，幻想自己考進年級前一百名後，直樹來祝賀她，對她刮目相看，於是她又振作起來繼續看書；跑步功底很差的她參加長跑，筋疲力盡時，幻想自己所在的班級名次比直樹所在的班級好，直樹面帶笑容地誇獎她，於是她又鼓足勇氣咬牙堅持；耶誕節想織愛心圍巾作禮物，睏意襲來時，幻想自己織的圍巾雖有兩個破洞，但直樹喜歡得不得了，於是她又打起精神織圍巾。

她的幻想很豐滿，現實卻很骨感，但骨感的現實還是不能停止她下一次豐滿的幻想。這可能就是她面對直樹這種「朝鮮冷麵臉」時，還能越挫越勇、熱情追逐的動力吧。

老劇新看，我覺得琴子身上最值得廣大女性學習的特質，除了堅毅、勇敢和熱情，還有凡事都能想得美美的。琴子那股總把事情往好處想的勁兒，不僅讓自己充滿正能量，也總能讓事情往順利的方向發展。

在我看來，總能把事情想得美，記著美好的事物，是對自己的優待，想起來、聊起來，表情中帶著感恩和微笑，這些積極的表情會慢慢滲透進面部每寸皮膚；而腦子裡充斥陰謀論和被害妄想症的人，每次想起不好的人和事，面部猙獰，充滿恨意，無形之中會有股下墜的力量，把皮膚紋路和五官往下拉，長成好像從未被生活善待過的樣子。

有時候，對自己好，僅僅需要在處境艱難或想法消極時，刻意轉化想法。想想過去溫暖的經歷，想想未來繽紛的可能，想想身邊人對你的友善，不要在糟糕的牛角尖裡一直鑽，以致崩潰。

我從小心思細膩，愛瞎想，而且經常把事情想得糟糕。我爸總是對我說：「就算知道要下雨，你也不必先哭著等。」每次我交了試卷，都覺得自己考砸了，但實際排名都挺靠前；以前去公司面試，覺得自己沒戲了，但基本都會接到入職通知……

這種性格雖然讓我做出更周詳的計畫、準備和預備方案，但過程中那些自我懷疑、糾結、過不去，早已把我折騰得身心俱疲。爲了和自己愛瞎想的壞習慣過招，除了找點正事做，最快的捷徑就是把事情往好處想。

其實我所想的那些不好的事情，現實中發生的機率很低，事後證明很多痛苦都是自己杜撰出來的，搞得我身心俱疲，顏值降低。這個世界上有犯罪和欺騙，除了保持必要的防範意識之外，其他盡量往好處想吧，這樣想能讓自己心情變好，容顏不老，充滿自信，何樂而不爲呢？

別把自己關在臭陰溝裡胡思亂想，既然想好想壞都是想，倒不如想點好的。我相信有一個我是活在想像中的，無論如何，我都要讓那個空間裡的我活得好一些。

我一直希望自己的外貌能在實際年齡上打個七折，所以牢記王爾德的這句名言：「男人的面孔是他的自傳，女人的面容是她的幻想作品。」

換一種想法，就是換一種活法。想得美美的，才能長得美美的、活得美美的。

第二章

自律的人，都把生活過成了想要的樣子

不管別人怎麼說，我都認爲自己的感受才是正確的；
無論別人怎麼看，我絕不打亂自己的節奏。
喜歡的事情自然可以堅持，不喜歡的怎麼也長久不了。

——村上春樹

恰到好處的儀式感，讓生活變得更有趣

作為一個「戲精」，當我看到「生活需要儀式感」這句話時，立刻自動在句末加上一個「嗎」字。緊接著在腦海裡架起一個辯論擂臺，左右互搏地分出支持「生活需要儀式感」的正方，以及不支持的反方，然後開始辯論。

站在正方的立場：我認識一個菁英，她常年登臺演講。有次我問她，上臺之前會不會緊張，她說她很享受舞臺，因為小時候每次彈鋼琴之前，媽媽和她都會穿上優雅的裙子，梳著漂亮的髮型，然後媽媽會牽著她的手，走到客廳中央，假裝對觀眾說「下面有請××小朋友為我們帶來一曲××」，她才落座彈琴。儘管她鋼琴沒彈幾年，但長大後，上臺前仍有小時候期待展示才藝的心情，她很感激媽媽給她建立的這種儀式感。

儀式感是什麼？在我看來是分隔符號，是閃閃發光的時刻，正如《小王子》中的那句話：「使某一時刻與其他時刻不同，使某一天與其他日子不同。」對於生活沒有標誌性紀念日、回憶索引的大多數人而言，儀式感太重要了。

站在反方的角度：日本一個問答網站的用戶赤坂曾說，日本是個凡事都喜歡追求儀式感的國家。很多人覺得在日本生活很累，每天都像是在出席一場盛大的儀式。

《蠟筆小新》中有一集，小新以為要出去捉昆蟲，立馬換上一身戶外服，還帶上了捕蟲網。而現實中的日本人也與小新一樣，即使坐纜車上山，也要背個大登山包、穿專業戶外服，恨不得把氧氣瓶都背上，這些準備透支了不少人出遊的興致。

以上所述還只屬於避重就輕、降效增負的可控級別，有些打擾別人、大操大辦的儀式感，更是有害。

我朋友買了套聯排別墅，裝修前在門口放鞭炮，舉行了希望施工順利的儀式，結果打擾了鄰居，差點被投訴；有的新娘追求一生只有一次的婚禮儀式感，排場要大、禮車要長，以致夫妻倆吵到結婚證換離婚證，兩個人老死不相往來；有的企業為了激勵員工鬥志，讓員工當眾在店門口跳舞喊口號，上演「打雞血」誓師大會，甚至還有讓員工跪著互搧耳光的奇葩儀式……

正反方都有各自的道理和局限性，在儀式感成爲熱詞的當下，我們不能被流行概念裹挾前行。

沒有儀式感，會活得灰頭土臉；儀式感過度，反而過猶不及。恰到好處的儀式感，才會眞正讓生活變得有趣。

在我看來，恰到好處的儀式感，有以下三個衡量指標。

你的儀式感，不是做給別人看

以前看過一個網紅的直播，她經過廚房時，有網友問她地上的籃子裡裝著什麼東西，她不好意思地笑了笑，說是盛裝食物的精美器具。原來她晒出的笑臉形狀煎蛋、擺盤精緻的食物，都是用這些放在角落、已經落滿了灰的專門擺拍的道具做的。我聽後大失所望，很想收回之前按的讚。

週末看到朋友發了條微信朋友圈，配圖很有意境：獲得芥川獎的小說，冒著熱氣的咖啡，唯美的光線、角度和構圖。那一刻，我不禁感歎朋友很懂生活。後來碰面，聊起那本獲獎小說，她說自己只翻了前面幾頁。

假裝有儀式感的人，像刻意修飾過一般。恰到好處的儀式感，不是做給別人看，而是不在乎別人的按讚和好評，只是給自己一個交代，甚至僅自己可見，不爲外人道也。就像一臺內建的記錄儀，記錄生活中實實在在的小確幸，給記憶裝上一層明媚的濾鏡。

十分鐘就夠了，微小儀式感也有大能量

我曾建了一個自律微信群，加了不少立志自律的朋友。有一天看到一個大學生在群裡晒出她做的手帳，我點開圖片，可愛的字體、既萌又有趣的插畫、多彩的標記在我眼前放大。同樣被放大的，還有我對她認眞對待生活的羨慕。

於是我也照做，買來精美手帳本，從零基礎開始學習手繪，每晚睡前一小時開始做手帳。新鮮過後，我意識到自己吃不消，因爲工作繁忙、事情很多，花過多時間做手帳，會耽誤我看書和休息。權衡之後，我覺得後者更寶貴。

雖說有儀式感比走過場強多了，但也要控制程度和頻率。對我而言，每天十分鐘的儀式感恰恰到好處。

恰到好處的儀式感，不需要傷筋動骨，不需要花很多錢，僅僅是一些自然而然的眞情流

露。

有天早上我出門上班，迎面走來一個女孩，她看到社區裡的丁香花開了，便駐足停留，細嗅花香，閉著眼睛，面帶微笑；幾秒鐘後，她繼續趕路，但臉上仍然漾著笑意。那一幕，僅僅幾秒鐘，卻是讓我念念不忘、心存感動的儀式感。

如果儀式感都是隆重、華麗、耗時的，會讓很多人望而卻步。其實，一些微小的儀式感，足以讓忙碌粗糙的生活透出光來。

在范海濤的書裡，她和老公照著本地美食書尋訪美味，吃完後，花點時間請廚師在書頁上簽名；我現在每次快到家，都會特意聽一、兩首歡快的情歌，回家脫去職業套裝，換上軟萌舒適的家居服。這些「短平快」的儀式感，輕鬆又簡單，僅僅是普通的改變，卻讓這一天不再普通。

生活的質感，始終排在儀式感之前

有次我去採訪又美又仙的民俗畫家卡羅琳，她提及會在創作前，點支線香或打開香氛加濕器。因爲北方天氣乾燥，顏料經常乾裂，所以有時她還會在香氛裡加上幾滴香橙或葡萄柚的精油，這樣更容易讓心情平緩愉悅，進入心流狀態。

對比之下，我覺得自己太糙了。於是，有次寫作靈感來了，我也先點燃香薰蠟燭，泡杯花茶，讓爵士樂的音符充滿房間。突然想拍張照片發微博，於是拍半天、選半天、發微博，然後和網友討論起香薰的品牌和花茶的做法。

等發覺自己用在儀式感上的時間遠大於寫作時，我被自己的荒謬氣笑了，因爲我本末倒置了，導致形式大於內容，儀式大於正事。眞正的儀式感像冰山的上面，生活像冰山的下面，看到上面就知道它下面還有更大更深的部分在支撐；而表面的儀式感就像一塊肥皀，所見即所得，還全是泡沫。

儀式感應在生活質感的延長線上，若不顧生活的實際情況，僅僅去追求表面的儀式感，只會自欺欺人，浪費生命。

總之，你僅需要恰到好處的儀式感，不盲從、不僞裝，置頂內心眞實的感受。

你怎樣過早晨，就會怎樣過一生

同事小敏親自證實了，冬天早上賴床有多耽誤事。

吃午飯時她跟我訴苦：早上鬧鐘響的時候，她連按了三次小睡五分鐘，才意識到上班要遲到了。半夢半醒間驚慌坐起，手忙腳亂地洗漱穿衣，ＢＢ霜都沒擦勻就出門了。

有時你越趕時間，越會發現電梯老是不來、紅燈等很久才變綠。小敏遠遠看著公車即將進站，於是以牙買加飛人波特破紀錄的速度向前衝，以致揣在口袋裡的手機被顛了出去，等她撿回手機，公車已經開走了。

冬天的風吹得臉疼，她就站在扎臉的寒風中等了十多分鐘公車，發現手機螢幕也碎了。她的倒楣還沒完，打卡遲到，全勤獎泡湯，早餐沒來得及吃，整個人心情沮喪地一進辦公室，各種工作就壓過來了。

小敏自責地說：「如果我能早點起床，就不會在經濟和精神上都遭受損失。」

這次狼狽的經歷給她的深刻教訓是：貪睡幾分鐘，毀掉一整天。

有句古話叫「一日之計在於晨」，有項關於「意志力」的研究結果印證了這個說法：在早晨，人們更容易完成那些需要自律才能做到的事情。因爲起床後到八、九點鐘的時段，我們經過一夜睡眠的調整，意志力和精力相對充沛，情緒更加樂觀，更有鬥志對付勞神費力的事。

曾國藩有云：「做人從早起起。」因爲這是每人每天做的第一件事，這件事若辦不好，對接下來的事情都會有影響。對於很多人來說，怎樣度過一個早上，基本就會怎樣度過一天。

「晨型人」對「一日之計在於晨」的感觸，更是深到骨子裡。

清晨五點起床、晚上十點前睡覺的村上春樹說：「一日之內，身體機能最爲活躍的時間因人而異，我的是在清晨的幾小時，在這段時間內，我會集中精力完成重要的工作。隨後的時間或是運動，或是處理雜務，打理那些不須高度集中精力的工作。日暮時分便悠哉悠哉，不再繼續工作，讀書或聽音樂，放鬆精神，盡早就寢。」

六點起床、十點睡覺的孫儷，在接拍《那時花開月正圓》時就跟導演提出不能熬夜的要求。《羋月傳》有場夜戲拍到晚上十一點，平時十點前睡覺的她，一到晚上連臺詞都記不住。

我的作息時間是朝五晚十一，隨著對自己了解的加深，我發現我的精力從早到晚依次遞減。早晨腦子最清醒，效率最高，下午的工作效率明顯不及上午，到了晚上腦子開始發暈，不是轉得慢，就是記不住，處理工作或寫作相對吃力。我統計過，早晨和上午的精力輸入和輸出幾乎占全天的七成，所以對我來說，早晨至關重要。

針對自己的作息情況及精力分布，我試圖摸索出美好早晨的公式。

1.冬天早上說起就起

我早上都是自然醒的，夏天五點左右，冬天五點半左右，感覺冬天確實需要更多的睡眠。冬天晝短夜長，體內的褪黑激素會根據眼睛接受的光照自行調控，所以睡眠延長也很正常。

每個人情況不一樣，不必要求所有人都五點起床。雖然我們都用同一個標準時間，但是很多地方都有時差，大連的有軌電車四點半就開始跑了，而西部有些城市七點的天還黑乎乎的。但我建議熬夜的人，把晚上做的事換到早上做，在保證休息好的情況下，循序漸進地試著早睡早起。而對醒來但起不來的朋友，我建議透過按摩或輕拍臉部的方式來促進血液循環，讓自己慢慢清醒。

我的「無痛」早起是因爲北方有暖氣，不存在被窩內外溫差大的恐懼。但我以前住在南方，完全理解在寒冬掙扎著早起的感覺，那確實需要不小的自制力。

我愛早起，因爲早起像白撿了時間一樣，能做我要做的事和想做的事。如果讓我選出一天中最愛的時段，我選早上五點到六點半，起床後投入讀書或寫作中。這是我一天中最安靜、最高效、最愜意的獨處時間，我享受那種腦力激盪、靈感活躍的感覺。

2.早晨做些靜態運動

平時我也只是做幾下伸展運動，只有身體沉重時才會抽二十分鐘練瑜伽。最近讀枡野俊明的書，他在書裡推薦坐禪，每天早上五分鐘就可以。

坐禪時要注意呼吸，「呼」在「吸」的前面，把意念集中在肚臍下方，緩慢吐氣，控制氣息使之綿長，再自然而然地進行下一步吸氣。我早上也試著做，發現自己在反覆深呼吸中，心情變得沉靜，感覺身體緩緩下沉，在地上生根。

總用胸部呼吸，心情會焦躁，而每天早上的坐禪，會讓自己心如止水。這招太有效了，用沉靜的心來考量今天要做的事，思維敏捷、頭腦清醒，坐車時不會昏昏沉沉，抵達公司後也能立即集中精力投入工作中。

3. 再忙也要好好吃早餐

我有個同事總是來不及吃早餐，十點左右就餓了，中午吃飯狼吞虎嚥，所以他的腸胃也是最嬌氣的。

早餐的花式擺盤，美是美，但不實用，週末可以試試，工作日我以快捷、簡單、營養爲原則。

工作日的早餐，我會用早餐一體機烤片麵包、熱盒牛奶、蒸個雞蛋，兩、三分鐘就完成，便捷又美味。早餐我忌兩類：一忌冷食，早上不吃溫暖的東西，胃裡冷清；二忌油大，尤其油條，吃完嘴裡胃裡都很難受。

早餐是三餐中最重要的一餐，也是距上一頓間隔時間最長的一餐，身體一直在消耗，如果不及時進食的話，血糖供應不足，對大腦、腸胃都不好。

4. 每天提前五分鐘出門

同事小敏的狼狽經歷，我也經歷過，都是磨蹭惹的禍。那天我照常早起，出門前弄好了瀏海才出門。因爲這一耽擱，比平時晚出門三分鐘。結果一步晚，步步皆晚。我在飛奔趕車時把手機和播放器都摔了，跑完後心跳加速、嗓子火辣，又因爲沒吃早餐餓得頭昏眼花，工作不在狀態，接連出錯，忘記拿鑰匙下班，只能瞎逛等著先生回家。

痛定思痛的我，給自己定下「每天提前五分鐘出門」的規矩。頭一天就查好天氣，熨燙好衣服，備好鑰匙鞋襪等，定好出門的鬧鐘。以後我每天都是氣定神閒地散步式出門，早晨的陽光暖暖地照在身上，不再奔跑，心情不再焦躁。車沒來時也不用著急看時間，而是看看廣場上練太極的老人、鬱鬱蔥蔥的植物，聽聽小鳥輕快的叫聲。

有時覺得還早，便提前一站下車，溜達著去上班。那些曾從車窗眺望的商店就在眼前，耀眼奪目的陽光從樹杈間灑下。

這和以前著急趕路時的感受完全不同，小確幸在不驕不躁時更容易感知到。

5.通勤路上進入工作狀態

上班通勤的路上，我腰背挺直，從不睡覺打盹兒，因爲一旦睡覺，精神就會變得萎靡，很久才能恢復。爲了不浪費好狀態，上班路上我會聽一些增長見聞、提升技能的音頻節目，或一些政治、經濟、心理方面的公開課。

我視力不好，眼睛迎風流淚，所以會在車上邊聽音頻邊練視力，有意識地盯住建築一角或空中飛鳥，以緩解眼部疲勞。

離公司還有十多分鐘車程時，關掉音頻，將大腦歸零，慢慢回想工作上的要點和待辦事項的進度，心裡大致有輕重緩急的計畫和安排。這樣到公司時，我已經切換成工作模式，活力滿滿地展開一天的工作。

對我而言，好的早晨是有公式的：**一個美好早晨＝自然醒的早起＋適度的身心運動＋營養便捷的早餐＋提前五分鐘出門＋通勤時的狀態切換**。

當然，沒有前一晚的早睡，早起只能是毀掉一天。一個「質地」好的早晨，更能順承一個「質地」好的全天。那種充實感、滿足感、昂揚感、可控感，是對每個用心過早晨的人的獎賞。

南懷瑾先生說：「能控制早晨的人，方可控制人生。」我們怎麼過早晨，就會怎樣過一天，也就會怎樣過一生。

從村上春樹生活方式中流露出的自律和堅持

前段時間逛超市，看到《新周刊》新一期的主題人物是村上春樹。封面上那句「他不是作家，是生活家」，讓我點頭如搗蒜。我對他的認識，始於《挪威的森林》，陷於《世界末日與冷酷異境》，忠於《關於跑步，我說的其實是……》。

他的小說我讀得不多，嚴格來說，我不算他的書迷，但我絕對是他生活方式的支持者。尤其讀了《關於跑步，我說的其實是……》以後，我敬佩他能堅持跑步二十多年的精神，因此我對他的生活方式也越來越感興趣。

他住在城郊，每天過著早睡早起的健康生活：堅持寫作，日復一日地堅持慢跑，喜歡做蔬菜沙拉，聽古典樂和爵士樂。除了日常寫作，他每年至少參加一次馬拉松，還有彈鋼琴、畫畫……他把生活過得既自律又豐盈。

我從初中起讀他的小說，先喜歡上他小說裡主人公的角色設定，再到字裡行間的小資品味。把這些因素都拋開，我才意識到，我真正喜歡的是他的生活方式，以及從中流露出的自律和堅持。

村上春樹的生活習慣，是我內心嚮往的。

1. 早睡早起

村上春樹早晨四、五點起床，晚上九點多就寢。他在接受《大方》雜誌採訪時說：「寫長篇小說時，基本都是凌晨四點左右起床，從來不用鬧鐘。泡咖啡、吃點心後，立即開始工作。重點是，要馬上進入工作狀態，不能拖拖拉拉。」

對於早睡早起多年的習慣與堅持，他說：「我每天重複著這種作息，從不改變。這種重複本身變得很重要，就像一種催眠術，我沉醉於自我，進入意識的更深處。要把這種重複性的生活堅持很長時間，半年到一年，那就需要很強的意志力和體力了。」

2. 堅持跑步

三十三歲的秋天，他開始跑步。寫作五、六個小時，跑十公里。後來改爲早上九點或十點，結束工作後跑一個小時。每天六十支菸的習慣改了，腰間的贅肉沒了。他曾對一位年輕作家表示，作家如果長贅肉就完了。他進一步解釋，這是物理上的贅肉，也是隱喻上的贅肉。他認為，職業小說家「頭腦和身體都需要健康」。

「跑步是一件簡單的事，只要有一雙適合跑步的鞋，有一條馬馬虎虎的路，就可以在興之所至時想跑多久就跑多久。」跑了三十多次馬拉松的村上春樹在《關於跑步，我說的其實是……》中寫道：「我能感受到非常安靜的幸福感。吸入空氣，吐出空氣，呼吸聲中聽不出凌亂。」

在長跑中，如果有必須戰勝的對手，那便是過去的自己。

他年年去跑馬拉松，在漫長的跑步生涯中，參透了堅持、輸贏、打磨和超越的哲學思想。

3.好好吃飯

村上春樹的小說裡，經常出現各種美食，義大利麵、煎蛋捲、三明治……

據說日本有讀者成立了「村上春樹廚房閱讀同好會」，並根據他書裡的描寫，編了一本《村上食譜》。

他本人口味清淡，做飯時盡量選用新鮮食材，做沙拉僅放檸檬、橄欖油和鹽。他說：「食物以蔬菜為主，攝取蛋白質主要靠魚，我一直不太喜歡吃肉，吃得越發少了。少吃米飯，減少酒量，使用天然材質的調味品；而甜的東西，我本不喜歡。」

看他的小說和採訪，我覺得他是那種不敷衍胃的人，總是懷著極大的熱情對待每一頓飯。

4. 經常旅行

村上春樹是位旅行家。他從小就喜歡看遊記，認爲遊記比童話好看多了，每次翻動書頁都很激動。

他曾透露自己的旅行觀：幾乎不用照相機，節約精力用來觀察，用眼睛注視形形色色的東西，把情景、氛圍、氣味和聲音等清晰地燒錄在腦中，讓自己成爲好奇心的俘虜。

5. 認真獨處

村上春樹小說的主人公，孤單卻不孤獨，歷任主人公都是「獨處協會」的會長。作品往往來自生活，說明作者也是喜歡獨處的人。他覺得生活是自己的事，而與人相處的最佳哲學是「不相處」。從事寫作三十多年來，他從來不混圈子，無論是日本文壇還是世界文壇。他家沒有電視，除了寫作，他有大把時光去培養愛好，比如閱讀、繪畫、音樂。他也會深耕一門技藝，譬如把自己喜歡的英文小說翻譯成日文。

他曾說：「一天跑一個小時，來確保只屬於自己的沉默時間。在跑步時不需要和任何人交談，不必聽任何人說話，只須眺望周圍的風光、凝視自己便可。這是任何東西都無法替代的寶貴時刻。」

看過一個他愛惜衣物的細節：常常用手洗衣服，小心翼翼地晾晒，然後一邊聽爵士樂一邊熨衣服。村上春樹具備無論何時何地都能安頓好自己的獨處能力。

如果說，有人正過著我嚮往的生活方式，那便是村上春樹了。他把生活過成了我最喜歡的模樣。

當我用業餘時間開始寫作後，我也體驗了村上春樹的生活方式。我拿著他的生活清單，和自己的對照了一下：五點多自然醒沒問題，但有時前一天會因爲事情多，十一點後才睡；我目前的運動規律是隔天一次，動靜輪流，動的話就是在跑步機上跑半小時（大概三公里多），靜的話則是練習半小時塑形瑜伽；工作日有兩、三天在家做飯，週末煲個湯犒勞下自己；好久沒有出門旅行，準備開始規畫了；獨處不錯，但我覺得跟家人多多交流也十分重要。

有些地方我也沒做好，比如早睡，還有這半年點外賣的頻率也很高。看了這本關於村上春樹的雜誌後，我決定定期檢視自己，做得好的繼續保持，做得不好的要引起重視。

村上春樹的生活方式，可能在有些人看來很沒意思，甚至會很痛苦。但他本人說：「不管別人怎麼說，我都認爲自己的感受才是正確的；無論別人怎麼看，我絕不打亂自己的節奏。喜歡的事情自然可以堅持，不喜歡的怎麼也長久不了。」

他多年堅持的生活方式，就是他所喜歡的。

我越來越覺得，在漫長的人生中，總結出一種自己喜歡並受益的生活方式非常重要。能做到村上春樹生活方式的一半，已經能讓我的生活提升至一種不錯的狀態了。

你總以為自律很難，卻不知道自律之後有多爽

有位女性讀者告訴我，她曾經以為早起很痛苦，現在卻覺得早起真痛快。以前的她覺得，如果晚上睡覺時有早上起床時那麼睏，而早上起床時能有晚上那樣充足的精神就好了。每次鬧鐘響起的痛苦，讓她覺得早起就像自虐一樣。後來她看到我寫的關於早起的文章，字裡行間完全沒有壓抑天性和苦大仇深的感覺，反而還透著喜悅和蓬勃，她居然躍躍欲試。

她試著打開早睡早起半小時的「試用品」後，迎來了自己的「改良版」：比原先早起三十～四十分鐘，醒來後先伸展身體，再練習聽力，感覺一整天都身體輕盈，頭腦清醒。雖然正值冬季，但她覺得就像我文中所說的那樣，白撿了好時光。

多少人像這位女讀者一樣，剛開始旁觀別人自律時，覺得自律好痛苦；等跨過畏難情緒後才發現，自律真痛快呀。

童話作家鄭淵潔說：「我每天早上四點半起床，寫作到六點半，堅持了三十多年，天天如此。別人問我是怎麼堅持過來的，我是人嗎？而我說，其實我特別享受寫作。我坐在那

兒，想讓誰活誰就活，想讓誰死誰就死，想讓誰離婚誰就得離婚，想讓誰復合誰就得復合，多痛快啊。所以，喜歡是最重要的。」別人眼中的苦差事，卻是鄭淵潔堅持多年的享受。他這種以興趣和志向爲驅動的生活方式，在「苦」下面，藏著不爲人知的「酷」。你總認爲自律很難，因爲你不知道自律之後有多舒暢。

曾有朋友問我：「爲什麼選擇自律的生活？」

我先認真思考朋友爲什麼問我這個問題——因爲在她心裡，有個「自律很苦」的刻板印象。我之所以過上自律的生活，是因爲我是一個吃不了苦的人，把濃縮的苦分攤到每一天裡，是我的最優解。

吃不了熬夜的苦，於是選擇早起；吃不了生病的苦，所以飲食清淡；吃不了節食的苦，所以經常運動；吃不了無趣的苦，所以喜歡看書……

我感覺，自律前後，我過的是兩種不同的人生。讀小學和中學時，平時不用功，臨時抱佛腳，考試分數通常只能排到中游；讀六年級和初三時，我進步很大，考進省排名前三的初中和高中。別人認爲我念書輕鬆，只有我知道每逢考前必「自殘」的苦：爭分奪秒地念書，夜裡睜不開眼睛就往眼皮上擦清涼油，早上起不來就使勁掐自己的大腿，飽嘗焦灼、緊張的滋味。

不知什麼原因，大學聯考是我考得最差的一次，這使我與理想的大學失之交臂。聯考失利沒有讓我懷疑自己的學習能力，卻讓我開始懷疑自己的生活方式。

好在大學時我遇見了貴人，同寢室的臺州姑娘。我後來的自律三寶——早睡、早起、愛奔跑，都是那時她推薦給我的。她幾乎每天早上五點就會起床讀英語，晚上七、八點去操場跑步，十一點寢室熄燈時她已經睡著。

我曾以爲，她的自律肯定伴隨著枯燥與苦澀，但一段時間相處下來，她笑起來上揚的嘴角、聊天中的幽默、考試前的自信，讓我覺得枯燥的生活解釋不了她開朗有趣的性格。

我人生中做得最對的一件事，就是打破「自律很難」的思維模式，跟著她早睡早起、看書學習、護膚鍛鍊。於是，沒考上理想大學的我，卻過上了理想的大學生活。

起初確實需要一些自制力，可堅持一段時間後，就完全上癮了，至今我還興高采烈地到處分發「自律很爽」的「小傳單」。我的親身感受與心理學家的研究大致吻合：自律的前期是興奮的，中期是痛苦的，後期是享受的。我越來越發現，**喊苦喊累的不是能自律的人，而是那些管不住自己的人。**

我聽到最多的自責聲，總是來自那些喊著要減肥，卻管不住嘴也邁不開腿的人；說好晚上早睡，卻玩手機到一、兩點的人；知道隨便發火不好，情緒上來就「易燃易爆」的人。

王小波說過，人的一切痛苦，本質上都是對自己無能的憤怒。我理解這裡的「無能」，不是沒能力做出驚天動地的大事業，而是連自己都管不住的無力和挫敗感。

我很佩服只減了一次肥就瘦到現在的人，比如古同學。

以前她因七十多公斤的體重感到自卑，於是大學聯考結束的那個假期，她給自己定下規矩：每隔一天就跑四十五分鐘以上；晚飯只吃之前的一半；過了中午不吃除了堅果和水果以外的零食。此後，她穩定在五十多公斤的體重，陪她度過了大學時光、在倫敦讀研究所的時光，以及在會計事務所打拚的歲月。

最近一次碰面，她依然堅持每週運動三、四次，不喝含糖飲料，很少吃澱粉含量高的食物。

當我問她十二年如一日地「管住嘴，邁開腿」是什麼感覺時，她回答：「如果放任自己的懶和饞，將注定活在自卑與自責中。而自律讓我越來越有信心，因爲自律，就是我的預期。」持之以恆的自律，讓她有發光發亮的自信，因爲一個連體重都能掌控的人，能做到的事情，絕對不只控制體重這一件事。

自律是個分水嶺。不自律讓人自責，變成了眞正的難；而自律則讓人自信，變成了眞正的爽。

如何「很爽」地自律，我有三點體會。

1. 自律的期望值不宜定太高

我以前所在的公司，每年都會舉辦爬樓梯比賽。

第一年我參賽時，腦子裡只有登頂三十五樓的想法。剛開始用力過猛，後來腿腳發軟，埋頭堅持了好久，抬頭一看，還不到十樓，三十五樓簡直遙不可及。

第二年，我上樓時以五層爲單位，作爲一個個咬牙還能完成的小目標。每當樓層數字爲五的倍數時，心裡就打個「已完成」的小勾，直至爬完全程，拿到獎品。

有終極目標是好的，但眞正能達成的，往往是那些把終極目標拆分成小目標的人。

2. 把自律當作手段，而不是目的

寫了關於早起的文章後，有很多讀者關注了我。那段時間，每當身體不舒服，或前一天太累，想多睡一會兒時，心裡就有「今天你沒有五點起」的罪惡感，這使我壓力很大。

後來我便想通了：我是想透過自律的手段，讓每天過得充實愉悅，是爲了實現願望而自律，不是為自律而自律。而休息好、心情好，也是我實現願望的必要條件。

3. 放大自律過程中的成就感

拿跑步來說，邊跑邊聽音樂，音樂的鼓點和腳步重合，不知不覺就跑了幾公里。變跑為走的瞬間，心臟的收縮感、喉嚨的不適感便會消失，以至神清氣爽，渾身輕盈。那種舒暢的感覺，簡直無以言表。

拿飲食來說，為了不長痘，我吃得清淡，少糖少辣，連醬油等調味料都很少碰。剛開始我也覺得不好吃，可越品味，越喜歡食材本身的味道。「戰痘」勝利後，我從不能吃變成不愛吃，現在偶爾重口味一下也不會感到愧疚。

現在很流行「越自律，越開掛」的說法，開不開掛那是結果，其實自律的過程本身就很爽。自律會讓人從內到外地獲得一種持續的愉悅感。

身體裡住著一個言而有信的自己，是你發光發亮的原動力，是你行走人間的通關文牒。

你以爲工作要拚命，實際上拚的是身體

春節約了高中好友。一見面，她就調侃自己過勞肥，同時髮際線還不忘「節節敗退」；等她落座後，我倆便聊起了她的工作。

她是家鄉某電信商管道營運中心的部門副手。她訴苦說，夜裡常被主管「召喚」在微信上進行「頭腦風暴」，經常去下一級市縣分公司出差，新出的返利計畫要第一時間層層通知下去，週末假期常在商場做推廣活動……

那天她告訴了我一個好消息和一個壞消息。

好消息是，去年下半年省公司有個晉升名額，市公司的主管力薦她，這是對她功勞的肯定，也爲她的職場躍升創造了一個良好的開端。

我恭喜的話還沒說出口，她又說了壞消息：年前體檢查出心肌缺血，醫生說可能跟她長期熬夜和精神緊張有關，建議她規律作息、放鬆心態，如有不適，及時就診。

她以前沒把胸悶當回事，有過幾次心絞痛。體檢後，她跟主管說明自己的身體狀況，推掉了晉升機會，減少了工作任務。對此，她說就像衝刺了很久，衝線前卻沒有了力氣。她有句話讓我印象深刻，「自己才三十出頭就觸到了職場天花板」。

我心裡感慨，**其實職場最大的天花板，是身體素質的「不稱職」**。但我還是安慰她趕緊調理好身體，留著好身體，不怕「沒柴燒」。我們都知道「身體是1，其他是0」的道理，但能做到知行合一的人並不多，除非被身體狠狠教訓過一次。

我有個學霸級叔叔，大學聯考發揮失常，被第二志願錄取，科系也被調整分配過。他在就讀大學時十分刻苦，成績稱霸全系，還獲得了保送研究所資格。另外，他還自學了喜歡的科系，並且打算放棄保送，報考自己喜歡的科系的研究所。

他大四時，因過度勞累生病，回家休養了一學期，因此沒能去考心儀那個科系的研究所，而用了本科系的保送名額。這個叔叔慢跑的習慣，就是在養病期間培養出來的。後來他在讀研究所、讀博士班、大學任教期間，都很注重學習和身體的平衡。

我的一位女友人，是她公司最年輕的女經理，卻主動辭去主管職務。原因是之前有個時間緊、任務重的資料分析工作，她夜以繼日地核算幾天後，眼睛突然看不清了，然後去醫院檢查治療，視力才慢慢恢復。

在眼睛只能看到陰影的那些天，她才發現什麼對她來說最重要。眼睛復明後，她始終保持護眼的好習慣，再也不敢過度用眼了，每次和我見面都要提醒我愛眼護眼很重要。

中國網路遊戲產業的開山鼻祖陳天橋，二十六歲創業，三十歲事業有成，但三十六歲就逐漸淡出公衆視野。

他身體一直不太好，據說他辦公室的書架上全是藥，且因爲心臟不太好，不能坐飛機，只能坐火車。他在淡出公衆視野前，生了場大病，甚至連遺囑都寫好了。可近年來，他每天快走兩小時，打乒乓球、打拳擊，這讓他的身體狀況好了很多，據說他的投資也賺了不少。

還有「創新工場」的CEO李開復，年輕時是一天只睡四小時的工作「永動機」。當醫生告訴他「淋巴癌已經到了第四期，腹部有二十幾個腫瘤，情況不容樂觀」後，他經歷了否認、憤怒、討價還價、沮喪到接受的過程。經過十七個月的治療，他在《我修的死亡學分》一書中感嘆：「跨過死蔭的幽谷，那是我第一次如此眞實地體驗到健康的可貴。」

我的學霸叔叔，我的眼疾女友人，還有陳天橋、李開復等，都是一股腦兒拚命奮鬥，經過重病的「洗禮」後，才大徹大悟，開始加強健康管理，調整生活方式，慢慢做到了健康工作兩不誤。

有篇熱文的標題是「玩命工作，就是年輕人最好的活法」，我以自己的經歷來客串一下反方辯友。

剛畢業時，我工作玩命，經常早起看業務書彌補跨科系就業的差距，午休時間研習論壇裡的案例，加班到很晚，夜裡睡覺都擔心接到工作電話，週末還去書城看書學習。付出會有收穫，但也有代價，正當我覺得一切即將步入正軌時，身體突然向我潑了一盆冷水。

我至今記得咯血時的慌張、看病時的不安，沒有比獨在異鄉看病更讓人感到無助的事情了。後來，我辭職回家休養了半年，等飲食、作息、運動和心情這「四大護法」修夠學分後，才「召喚」出我的免疫力和抵抗力，繼續做想做的工作。

作家木心說，健康是一種麻木。當我們身體無恙時，就陷入了這種麻木，把精力集中在當前的「優先項」，比如工作、念書、玩樂。但身體其實是一位假睡的考官，平時你屢屢違規，它懶得管，最後直接告知：你已經被當掉了。

在我看來，鼓勵年輕人努力工作無可厚非，但也不必到「玩命」的程度。諾貝爾文學獎得主多麗絲．萊辛說：「我們浪費自己的健康去贏得個人的財富，然後又浪費自己的財富去重建自身的健康。」更慘的是，這個過程通常不可逆，很多疾病即使有錢也治不好。

所以，努力是有前提的，那就是健康！

身體不好實在太遭罪。前段時間陪媽媽去醫院時，我發的微博引起了很多人的共鳴。

「身體好就是最寶貴的財富。治病傷身，做造影時灌腸要禁食禁水，超音波檢查憋尿憋到小腹脹痛，抽血抽到頭暈眼花，PET、CT又貴又難約……所以大家要早睡早起，清淡飲食，多運動，少生氣，盡量丟掉傷害身體的壞習慣，把愛自己落到實處。願天下無病！」

記得當初我生病回家休養的那段時間，我對工作產生了怨念，覺得是工作使我生病了。後來我想通了，不是工作讓我生的病。我忙於工作，放縱不良的生活習慣，這才是我生病的根本原因。我現在的工作量和年紀都比那時大，但我現在的生活方式健康了許多，身體狀況也好多了。

吃了那一塹，我深深長了幾智：

盡量作息規律，不要熬夜。不是你熬夜，是夜在熬你，你熬不起。

盡量三餐有序，飲食有度。半年前吃的食物，塑造了現在的你。

盡量強身健體，堅持鍛鍊。缺乏運動的你，就是自己的「殭屍版」。

盡量心情愉悅，你的好心情，就是一切美好的開始。

身體健康，抱不了臨時的佛腳，只能靠平時的穩紮穩打。願你努力之餘，更加注意自己的身體。

午休一小時，美好一整天

有一天，同事來找我交接工作。那時十一點半，我又餓又乏，腦子短路，便問他能不能下午上班時再說。同事說：「你是晨型人，重要或困難的工作基本安排在上午，以你下午的腦子，未必能理解我這些複雜的話。」

我不屑地對他說：「午休完我又是一條好漢。」然後一起下樓吃飯。飯後散完步，我睡了半小時。下午上班，我倆用了比預期更短的時間，完成了工作的交接。

工作交接完畢，同事問我：「爲什麼你午休完精神滿滿，而我卻沒精神呢？」

我時常收到讀者的疑問：「你五點多起床，十一點左右睡覺，一共才睡六個多小時，能睡夠嗎？」

雖然每個人的睡眠品質和時長不盡相同，但也別忘了還有午覺這個事半功倍的「快充利器」。

我心中「生活方式教科書」的村上春樹認爲，午覺能讓人「把一天當成兩天」。他說：「我常常午睡，每天都在工作室的沙發上睡午覺。工作一段時間後，大腦漸漸變得恍惚起來，躺下身去，立刻進入夢鄉。不長不短，三十分鐘便睜眼醒來。這樣一來，大腦特別清醒，馬上便可以繼續工作。」

他還說：「假如人世間沒了午睡這種東西，我的人生和作品說不定會顯得比現在黯淡，更難親近。」日間小睡是他保持健康的一個重要方法，午睡之前是「一天」，睡醒後又是新的「一天」在等著你，這讓人能把一天當成兩天過。

不要小看午睡的作用。德國杜塞爾多夫大學的一項研究顯示，即使是非常短暫的日間小睡，也能增強大腦的記憶處理能力。美國的一項調查結論爲：二十六分鐘的午睡，能讓飛行員表現提升百分之三十四，靈敏度提高百分之五十四，有助於維持或改善情緒。午後是一個人最倦怠疲乏的時候，小睡一下，大有不同。

我是典型的「中午不睡，下午崩潰」型人。上學時，我就養成了午睡的習慣，如果不午睡，下午我八成會倒在書堆裡。剛畢業到深圳時，下午兩點去面試，公司黑乎乎的一片，提前到的我還以爲走錯了地方呢。時間快到兩點，櫃臺小姐起身開燈，桌上趴著的、沙發上窩著的、床上睡著的，全部起身緩衝一下，進入工作狀態。

在深圳工作的那幾年，公司同事都有午睡的習慣。自我來北方以後，也許是工作強度降低，或是緯度原因，午睡時長變短了。身邊的人除了午睡，還有散步、運動、喝茶、看書、晒太陽等豐富多彩的午休方式。

不同的午休方式，對下午的工作狀態有著不同的影響，我也根據自己的情況訂製了一套私人的午休方式。毫不誇張地說，你午休的「打開方式」，很大程度上決定了你一天的生活方式。我現在有一個半小時的午休時間，包括午餐和午睡。

在我看來，高品質的午休通常包含以下要素。

1.好好吃午飯，千萬別吃撐

我在義烏實習時，發現很多東歐客戶不吃午飯，喝杯咖啡就繼續工作。我就吃點水果或堅果，雖不習慣，但確實也沒有平時那麼餓。那時我發現，午睡與食物類別和攝入量有關係，米飯類的碳水化合物很快轉化成糖，血糖快速升高，容易讓人犯睏。

另外，吃得太快太多、口味過重、食材難消化，也會容易睡不好。理想的吃法是：午飯前先喝點水或湯，寧可下午吃點堅果充飢，也別吃太多、吃撐。

2. 吃完站或走，不要馬上睡

飯後馬上工作，容易消化不良；飯後立即就睡，則容易長肉。午飯後或站或走五～十分鐘過渡一下。陽光和煦時，我會和同事到附近的小花園裡散步，看看櫻花，聞聞丁香，晒晒太陽，與幾個幽默的同事聊天，是我一天中最喜歡的時光之一。

3. 創造好條件，盡量睡一會兒

村上春樹說：「午睡時，我總是輕聲播放音樂。我有一個名爲『午睡音樂』的音樂清單，午後一點左右在沙發上躺下，心中開始感恩：啊，今天安然無恙，心靈沒受傷，可以舒舒服服地睡個午覺，眞是太好啦！」

這段描寫很打動我。除了對生活中的小事充滿感恩，我還積極營造舒服的午睡環境。很多上班族沒有這樣的條件，但我身邊的同事，覺得環境吵會買副降噪耳塞，覺得亮會戴上柔軟眼罩，覺得不舒服則會墊個U型枕……要知道，辦法總比困難多。

我的午睡「進化論」是：剛開始趴在桌上睡，醒來手麻胳膊疼；後來調整椅子靠背，沒急事就關掉電腦和插座，在主機上放一個軟墊，把雙腿搭在上面；再後來仿效同事買來行軍床，枕頭毯子都備好，用眼過度時，就在睡前戴上蒸氣眼罩。

4.午覺睡得好，其實有技巧

有研究顯示，六分鐘左右的睡眠，可以改善陳述性記憶；十～二十分鐘的睡眠，能讓人的清醒程度、情緒、注意力等得到改善，醒來後沒有困倦感；四十分鐘的睡眠，讓人的反應能力、警覺能力明顯提高。

忙就打個盹兒，閒就多睡會兒，午睡時長可以根據忙碌程度和身體狀態來決定。

我嘗試過吃完飯就立刻工作，結果午間效率低，心裡怨氣大，下午沒精神。儘管工作爭分奪秒，但午睡仍然很值得我們「投資」。

邱吉爾說過：「自然界沒有要人類從早上八點忙到半夜，即使只有二十分鐘的休息，也足以讓你活力十足，煥然一新。」如果沒有特別要緊的事，我午覺會睡半小時，而且通常能很快入眠。偶有睡不著的時候，我也不會看手機，拿起手機就等於放棄午睡。拋開雜念，緩慢呼吸，就算睡不著，也不必焦躁。

《睡眠革命》上說，即使你沒有進入睡眠狀態也沒有關係，重要的是，你能利用這段時間閉上眼睛，脫離世界片刻。徘徊在似睡非睡、似醒非醒的朦朧狀態，這樣也很有效。

午覺醒來，我會去洗手間梳頭通經，整理儀表，接杯溫水，漸漸進入工作模式。有幾個小要點：

午睡睡姿優先順序，平躺仰臥＞坐著仰臥＞坐著趴著；方便的前提下，穿緊身褲的可以將褲帶放鬆，換雙拖鞋；別在空調的出風口處午睡，最好備條毯子；醒來後不要猛然坐起，發呆幾秒，伸個懶腰，喝杯溫水。

5. 真的睡不著，也有其他招

需不需要午睡，和體質、睡眠、年齡及是否生病等條件密切相關，不是所有人都適合或喜歡午睡。

前同事跟我說，實在不了解，起床那麼痛苦的事情，每天早上經歷一次就夠了，爲什麼非要一天經歷兩次？她覺得小睡很難受，每次午飯後就喝杯優酪乳，去附近的瑜伽店運動，下午依舊光采照人。我的一個女主管，午睡後晚上就會失眠。還有文章開頭提到的那位男同事，午睡後腦子會發懵。

午休有很多種方式，午覺屬於其中一種。諸如發呆、靜心、晒太陽，都很有幫助，適合自己最重要。

高效午休一小時，真的能把其他的二十三小時變得同樣美好。懂得高效午休，真的很重要。

最好的助眠方法：不帶手機進臥室

有個月，我請了幾天病假，後來身體恢復得挺快。女同事特地跑來問我氣色變好是因爲吃了保健品，還是因爲換了護膚品。

我覺得最明顯的改變，是更早去睡覺。平常晚上十一點左右睡，那段時間因爲身體發虛，晚上八、九點感覺睏了就睡了。身體恢復健康後，我十點多就放下手機進臥室睡覺了。想必早睡是我身體恢復健康、氣色變好的最大功臣吧。

女同事聽完後，說很羨慕能早睡的人，她每晚總是磨蹭到很晚才睡。

她說：「早睡的好處都知道，晚睡的壞處也已應驗，黑眼圈寬得跟六線道似的。」

我問她晚睡的原因，她一一列舉：下午喝奶茶或咖啡、晚餐吃太晚或太撐、看熱搜新聞、看電子書、看公衆號、刷朋友圈、玩遊戲、想心事、追劇、自拍、晚上鍛鍊身體、洗完澡後又變清醒了……

我讓她從中選出三個主因，她斟酌後說：「看熱搜新聞、看公衆號、刷朋友圈。」

我說：「這三項晚睡原因都跟手機有關，擒賊先擒王，先消除主要矛盾，試試睡前不碰手機，不把手機帶進臥室。」排除病理原因和晚間工作，不把手機帶上床，相當於「砸掉」晚睡熬夜的「承重牆」。

有次去好友家，進屋就聞到令人放鬆的香氣，好友介紹說是舒緩助眠的蠟燭香氛。我環顧四周，窗簾的顏色讓房間色調溫馨，流水噴泉擺飾的水流聲有助於安神。我坐在沙發上，誇她家的光線、氣味、色彩、聲音，讓人放鬆得想睡覺。

好友的老公聽完，冷哼了一聲說：「我老婆就是準備充分後卻功虧一簣的典型案例。她常說早睡有多好、多重要，買了人體工學乳膠枕，換了據說能改善睡眠的護脊床墊，還給我倆的手機套上了『早睡早起』的手機殼。家裡眼罩、耳塞、褪黑激素和助眠茶，應有盡有，但她睡前習慣躺在床上玩手機，前功盡棄。」

她的睡覺時間完全取決於當晚的熱搜。看到明星緋聞或新聞熱點，依次「親臨」相關人的微博，翻翻網友評論，到很晚才睡。好友也說睡太晚會導致自己頭疼精神差，工作效率低。太關注外界的事，只會讓她連自己的事都搞不定。

如今的高失眠率，讓睡眠經濟變得很火。《中國睡眠醫療發展報告》顯示，自二〇〇七年起，包括睡眠保健品、睡眠藥物、睡眠器械用品等在內的睡眠醫療行業，以每年百分之十五到二十的市場占有率快速增長。爲了提高睡眠品質，消費者買了很多助眠產品，結果拿手機上床，在最後環節毀掉了之前所有的努力。晚睡後又覺得愧對身體，又買更多助眠產品，因此陷入惡性循環。

其實對好友這樣的人來說，最好的助眠方法就是：不帶手機進臥室。

美國極客馬克·薩斯特寫過一篇文章叫〈爲什麼我不再把手機帶進臥室〉，他在裡頭說：「晚上我把手機帶進臥室，睡前看郵件、推特或臉書。後來發現，晚上玩手機會影響睡眠。玩手機會占據我和妻子的聊天時間，我們本可以聊聊生活瑣碎、日常計畫，看看電視節目。看電視至少可以讓我們都參與，而手機讓我和妻子相距千里。所以，幾週前我做出了一個承諾：無論如何，都不再帶手機進臥室。幾週下來，我遺憾我沒有早幾年就這麼做。我會繼續做一個資深技術宅、買更多的電子設備，但我已經爲阻止數位浪潮入侵生活前進了一小步，這種感覺還不錯。」

最近流行一種說法，叫「報復性熬夜」，說的是白天的時間被別人占用，晚上要利用晚睡來和自己獨處。可你在手機螢幕上用興奮、帶著血絲的雙眼看著「外面」的世界，而不是關注自己的內心，看似獨處，實則與無數人連繫在一起。

這種「報復性熬夜」，損害的是自己的健康和視力，消耗的是與家人、與自己相處的時間。

相較而言，我更欣賞主持人董卿睡前高品質的獨處方式。

她多年保持一個習慣：睡前讀書一小時，諸如手機類的電子設備，從來不會拿進臥室。把睡前時間用來和家人交流情感或進行高品質的獨處，讓她和她的家人獲益匪淺。

爲什麼我建議你別把手機帶進臥室？

1. 對身體有好處

英國的一項研究顯示：把手機帶進臥室，其散發的藍光會干擾人體褪黑激素的分泌，影響睡眠，降低睡眠品質，導致身體代謝失衡，易引發多種疾病。中國的研究者則說：「距離手機越遠，電磁輻射值越小，建議別把手機帶進臥室，更不要放置於枕邊充電。」

我經常夜裡躺在床上玩手機，皮膚、眼睛、脖子現在都有不同程度的不適感。

2. 對睡眠有好處

很多人喜歡把手機放在床頭櫃上，這樣，其一會拖了你早睡的後腿，其二會讓你半夜醒來再也睡不著。

哈佛醫學院教授奧爾費烏·巴克斯頓說：「在臥室裡使用手機會觸發『威脅警覺』，讓你陷入一種無法入睡的焦慮。」加州大學舊金山分校醫學中心睡眠障礙中心主任大衛·克拉曼博士說：「如果半夜起來看手機，你會不可避免地被看到的東西弄得心煩意亂，導致你的身體變得緊張起來。」

把手機放在床頭的人，醒來的第一件事就是看手機，在大腦沒有完全清醒的狀態下看到各種訊息，讓人一起床就感到十分緊張。我有個朋友就說，她早上起床時查郵件的效率，遠遠低於大腦清醒後。

《睡眠革命》一書中說：「起床先別看手機。醒來後，拉開窗簾，讓日光照射到房間內，這樣能讓你快速清醒，並幫助你設定體內的生物時鐘，實現從分泌褪黑激素到分泌血清素的轉變。」

《二〇一七年中國青年睡眠狀況白皮書》顯示，睡個好覺是大多數人的奢望，而電子產品是「偷走」睡眠的主要「凶手」。我們的自制力難以抵抗手機的誘惑，拿著手機上床，很可能會使你要在幾點前睡覺的承諾變成空話。

如果你對自己的睡眠品質不滿意，而睡不好的主要原因是玩手機，且夜間工作電話較少，我推薦兩個小方法，可能對你有用。

1.用鬧鐘替代手機

以前我會把手機放在床頭櫃上，半夜或早上醒來，原本只是看時間，但看到推送的新聞，就會忍不住點開，結果一看就是幾十分鐘。後來我買了個鬧鐘，夜裡若需要看時間，一按鬧鐘的按鈕就能看到，再也不會半夜沒完沒了地玩手機。

2.用書籍替換手機

在我看來，手機是睡眠殺手，看書是睡眠助手。兩者都是資訊載體，但讀書需要大腦對所讀的內容進行深層加工，一旦深入思考，就容易使人感到疲倦並入睡；玩手機則會分散注意力，從一個話題跳到另一個話題，大腦的很多區域都被啓動了，不易入睡。而且枕邊書最好選散文或自己認爲枯燥的書，盡量避開情節跌宕的內容。

除了夜間需要接大量工作電話的人，對大多數人來說，不拿手機進臥室，雖然只是日常習慣改變的一小步，卻能讓睡眠品質和身體狀態發生大變化。

總是點外賣，遲早要交身體稅

今天起床照鏡子，發現臉上有痘「來訪」，我開始檢討最近的生活方式。從護膚到作息，從運動到心情，基本沒問題，長痘的「嫌疑」最終落在飲食上。於是我進一步逐項檢查，早餐、午餐和週末的用餐地點及飲食結構基本沒變化，罪魁禍首終於浮出水面——我這幾個月的晚餐幾乎都是點外賣。

以前我下班都會買菜做飯，等先生回家一起吃。自從天氣轉熱後，他宣布晚餐只吃水果。我是晚餐必須吃飯菜的人，但又覺得做飯花時間，回家後我還有看書、寫文章、學習等很多事情需要做，點外賣，一站式解決了我的晚餐問題。打開軟體、點餐付款、坐等外賣、即開即食、丟掉餐盒，晚餐就這樣分分鐘搞定。

生活方式和生活狀態之間總存在因果關係，就拿我點外賣的這三個月來說，皮膚沒以前好了，體重還比以前重了。

一顆紅痘冒出來，素顏膚色有菜色，四斤肥膘裹在身。

記帳軟體裡，吃飯花銷明顯增長。我擔心點到髒亂差的黑心作坊，所以都點那些見過、吃過的實體連鎖店外賣。餐費三十多塊人民幣，包裝費四、五塊，配送費三塊五，吃頓晚餐就要花四十多塊，長此以往，食品支出占個人消費支出比重的恩格爾係數都被我拉高了。

點外賣後，晚餐雖然作爲一個痛點被解決了，但吃得既沒有自己做的健康，費用還高。多花了錢，卻過著一種退而求其次的生活。

前段時間有個新聞，一個二十七歲的女生飲食不健康，經常吃外賣，體型微胖，還不愛運動。一天飯後突然出現腹痛、噁心、嘔吐的症狀，就醫後被確診爲急性胰臟炎。新聞還說，化驗抽取的血液中能看到一層白花花的油。

很多人把外賣和高脂血性胰臟炎，甚至和血漿呈豬油狀畫上約等號。就算你拿出醫學資料證明這是飲酒和膽道阻塞導致的，他們依然擔心天天吃外賣會降低免疫力。我也曾有同樣的顧慮。

「餓了麼」聯合「百度外賣」發布的《二〇一七年中國互聯網本地生活服務藍皮書》說：「炸雞是用戶在搜索外賣時輸入過最多的詞彙，其次是黃燜雞和奶茶。」

你看，就算相對健康的選項很多，但人們還是更傾向於點炸雞、奶茶這類不太健康的食品。在家做的飯菜，普遍比外面餐館的食材更新鮮、油鹽更少；外賣可能是放置很久後重新加熱的，送過來的可能是剩菜、剩飯。

身邊一個男同事自嘲道：「外賣吃多了，吃成一張外賣臉，連呼吸都有外賣味。口舌生瘡，痘痘粉刺常年『駐紮』，連呼吸時都能聞到塑膠餐盒與油膩食材混合的氣味。」

總吃外賣，是要交身體稅的。

前段時間，我看了一本關於生活方式的書，是後藤由紀子寫的《七分剛剛好》。她自己開了一家小店，書裡說：「關門的時間是下午四點，一家人坐在一起吃晚飯，是我永恆不變的目標。」

她很珍惜和家人的晚飯時光，甚至根據準備晚飯的時間，倒推工作的時間安排，寧願提早上班，工作緊湊，就想著每天在四點前回家。讀到「爲了家人，我每天都會努力做好飯菜」這句時，我切身感受到作者家中那種溫馨和幸福的氛圍。

回想這幾個月，晚餐基本靠外賣解決，除了使臉色變差、體重增加，我和先生的相處品質也變差了。以前我先到家就洗菜做飯，等他回家就一起吃飯。看著綜藝節目，他誇我做得很好吃，我倆邊吃飯邊聊天，互相給對方夾菜。吃完飯後他負責洗碗拖地，我則在一旁打打下手，琴瑟和諧。

週末一起去超市或菜市場買菜，煲個靚湯、做個葷菜，再加盤青菜，一起做一頓豐盛的晚餐犒勞自己。兩人透過做飯增進感情，讓日子在煙火氣中閃耀著滿滿的幸福。

在我看來，把外賣盒放進塑膠袋打個結，把做飯丟掉的果皮菜葉放入垃圾袋打個結，同樣是打結，前者是敷衍了事，後者則是心安與踏實。

以後，我痛定思痛，漸漸地遠離外賣。

1. 實行點外賣分級制度

非常忙時點清淡健康的外賣，一般忙時則自己在家做或去店裡吃。不忙或週末時一定要在家做飯，心情好的話，就煲湯、炒兩個菜，否則就蒸點粗糧或煮碗雜糧粥。

囉唆兩句我點外賣的心得：最好選去過的實體店；要避開半成品加工店鋪，只有雞、豬、牛排飯或魚排可選的店，他們的食材可能已經在冰箱裡放了很久。

點外賣就是圖快，如果你僅僅是吃什麼就想了好久，或者省下的時間也是虛度的話，那還不如自己動手做呢。

2.懶得做飯時，盡量去店裡吃

送來的外賣，沒有在店裡的好吃。對講究吃的人而言，一道菜的色香味，從它被裝進外賣盒的那一刻起就已經大打折扣：炸食已經發軟，青菜有點泛黃，魚香茄子變成一攤油，生煎包也變涼了，總感覺吃什麼都有一股塑膠味兒。

如果你是吃貨，又懶得做飯，那就去附近的餐館就餐吧。少了包裝費和送餐費，順便感受一下餐館的裝修風格，吃完還可以溜達消食，放鬆一下心情。

3.強化在家做飯的儀式感

我買了一套喜歡的餐具，每天晚上做好飯菜後，總會花點小心思擺個盤、拍個照，然後上傳到微博，僅自己可見。

小小的儀式感，取代了我一直點外賣的日常，成爲我對自己的一種交代。下班順路買好當天的菜，回家煮上米飯，並根據情況搭配小米或糙米之類的粗糧。

洗菜切菜時聽著相聲，或安靜地備菜，估算著先生回家的時間把菜下鍋。

在義烏結識的一個女同事曾經請我到她家吃飯。我見她做飯時穿著長袖、戴著口罩，連頭髮都用頭巾盤起來裹好。嘗味時，都是盛到小碗慢慢品嘗，雖然工程量略大，但顏值髮質的保養就是需要不怕麻煩。

千方百計地減少自己對外賣的依賴，培養做飯的興趣。烹飪APP上，有很多如何用半小時搞定一頓飯的教程；書店裡，有很多美食大家和美食達人的經驗談。我把汪曾祺的書借給同事看後，他現在也喜歡做飯了。

就算懶得做飯，我還試過蒸玉米、紅薯、山藥，方便又美味，尤其是蒸山藥沾核桃芝麻粉，真的非常好吃。你也可以用水果和牛奶，加上自己的想像力，做出一頓簡單營養的飯。

大數據顯示，用戶更喜歡在週末點外賣，週一到週五的日訂單量，遠低於週末。所以，不要為點外賣找工作忙這種藉口了。

在我看來，生活淪為大數據就太悲摧了。

我想要的生活，外賣買不到，也送不來。

降伏囤積症，生活清爽自在

時裝設計師麥溫蒂是《膠囊衣櫥穿搭術》的作者，她主張用少量的單品，打造多變的造型，簡化自己的衣櫥，找到個人的風格，減少不必要的穿衣煩惱，節約更多時間，讓衣櫥、生活和心靈回歸舒適、輕簡與自在。

每當讀完一本生活方式類的書籍，我都會做一些反思和改變。打開衣櫃，發現自己買了很多衣服。在網上看著圖文展示的時候，哪件都心動；但買回來後，除了有一、兩件會常穿，其他的皆已被我打入「冷宮」。

於是，我對久置不穿的衣物適當地進行「斷捨離」，減少自己重複低效的購買行爲。盡量做到買一件新衣服，就淘汰一件舊衣服，時時注重衣櫥的「新陳代謝」。

衣服囤積症減輕後，我感覺整個人、整個家都清爽了許多。

我身邊有囤積症的人眞的不在少數。

囤書：博主推薦書單一出現，就跟著下單，書架上還有很多沒讀完，快遞又送來了新書，心想著以後遲早會看。

囤貨：價格便宜就先買一大堆回來，日用品越囤越多，也想過用均價幾百萬的房來囤貨是否眞的划算，但安慰自己囤的貨將來一定會用到。

囤卡：熱中辦理餐廳商店的會員卡和優惠卡，有時第一次去，聽說辦卡儲値有優惠，覺得自己以後肯定還會再去，就辦會員了。

囤照片：外出旅行時很少身臨其境地遊玩，而是做了照片的搬運工，拿著相機或手機拍來拍去，覺得要留下美好瞬間以供日後回憶。

囤文章：刷網頁的時候，在標題的吸引下，點開後按照「F」型的軌跡進行閱讀，還沒看完就歸類爲乾貨帖，並轉存到收藏夾裡。

囤APP：經常出沒手機應用程式商店，有新發布的或有趣的APP就下載試用，即使好久不用也捨不得卸載，認爲以後某天會用到。

以上這些囤積行爲，囤實物也好，囤資訊也罷，我都有過。「囤」的初衷，是爲了方便以後使用，但捫心自問，後來我眞的使用了嗎？並沒有。於是我漸漸體會到囤積症的殺傷力，它不斷蠶食著我對當下生活的感受力和專注力，還總驅使著我的好奇心不停地尋找。可實際上，除了心理安慰之外，我收穫甚少，心裡還總有種「當初忙活圖個啥」的自我懷疑和挫敗感。

作爲一個發現自己有輕度囤積症，並致力於不斷完善自己的人來說，我發現，減少囤積行爲能增加幸福感和滿足感。

我在深圳上班時，完全沒有囤積症，因爲租房住，可能會經常換地方，除了必需品外，我不會亂買東西，日子過得既簡單又瀟灑。那時我連書都很少買，租房優先選擇離圖書館近的地方。以前我住在南山圖書館附近時，沒事就泡在圖書館裡，離開時總會借六本書，看完再借。

成家買房後，我骨子裡隱藏的囤積症開始顯現出來。短短幾年，我買了很多書，現在我考慮的不是買書，而是買書櫃。但我知道自己是看書而不是囤書，因爲我只有看完一本才會買另一本。

廚房小家電已經成爲我和先生的爭吵觸發點，別說有潔癖的他會看不順眼，有時連我自己都想去面個壁。

買的豆芽機，一次都沒用過；電餅鐺，用過一、兩次；鴛鴦火鍋，用過兩次。其實不用我先生說，我也明白，當時花了那麼多的心思挑貨買貨，買來後卻把它們放在角落積灰。這不僅浪費時間、精力、金錢，還時刻提醒我：離買東西時的初衷越來越遠。

後來我給自己定了條鐵律：用完再買，買了就必須用。

秉持此律，我花在挑貨買貨上的時間果然變少了，更加用心利用好家裡的東西，現在感覺自己是個踏實過日子的人了。

以我的經驗，減少資訊囤積比減少實物囤積難得多。以前沒注意自己有資訊囤積症，直到有位同事點醒了我。微信收藏夾最能體現一個人是否有資訊囤積症。收藏夾裡沒有標籤，資訊雜亂，很久以前收藏的文章都沒整理過，就基本說明了這個人內心焦慮，缺乏條理和耐心，甚至還有點自欺欺人，以爲存在收藏夾裡就等於存在大腦裡了。

我回家趕緊檢查了自己的收藏夾，順帶看了截圖相簿和備忘錄，我覺得我又應該去面壁了。我發現收藏的文章多到看不到末篇，擷取的圖片有五、六百張，難怪我的手機運行速度越來越慢呢。

每個人都是時代的產物，大家都能感受到，大量的資訊如滾滾江水向我們湧來。看不完的資訊文章，點不完的紅點通知，看了也記不住，記住了也懶得做，做了又做不好，從而形成一種越努力越焦慮、越焦慮又越努力的惡性循環。

爲了緩解資訊囤積症，我堅持每晚及時整理資訊。文章菁華、新鮮概念、好詞金句，用電子文件和紙面筆記，做好靈感存根。用簡單的話語解釋剛學的知識，雖然有些難度，但離開專業術語、簡稱來表達，思路便會清晰起來。

不管是實物的囤積還是資訊的囤積，囤太多，易心煩。清清爽爽的生活，你更值得擁有。

第三章

負面的人際關係，盡快斷捨離

對於人際關係，我逐漸總結出一個最合乎我性情的原則，
就是互相尊重，親疏隨緣。
我相信，一切好的友誼都是自然而然形成的，
不是刻意求得的。
我還以爲，再好的朋友也應該有距離，
太熱鬧的友誼往往是空洞無物的。

——周國平

有些事做不到也不扣分，但做到了就狂加分

有次在微信公眾號推送完文章，我進後臺精選讀者留言。有位讀者發了兩條內容相似的留言，我點開一條，系統提示我「該留言已刪除」，我沒多想，又點開了另外一條，留言成功入選。

我對這種小事過目即忘，直到幾分鐘後我看到這位讀者從後臺發來一條消息，他解釋說：「剛剛留言裡有個錯別字，所以刪除了重新發的，給你添麻煩了。」

這條留言被我截圖保存了下來，我想把這種細膩體貼、將心比心的涵養內化於心，外化於行。

重複留言的情況我遇到過不少，要麼是對方重複發了兩條，要麼是對方撤銷留言的時間晚於我瀏覽後臺訊息的時間。我覺得這都是不值一提的小事，看到兩條相似度較高的留言，我一般以後發的那條爲準。但這位讀者竟然專門向我解釋，甚至覺得給我添麻煩了。

這件「做不到也不扣分，但做到了就加分」的小事，讓我覺得自己受到了尊重，甚至忍

不住隔著螢幕去想像對方的美好。

然而，「做不到也不扣分，但做到了就加分」的事和「本不該做，卻做了」的事是有區別的。比如去茶水間倒水時，把茶渣直接倒進水槽；去商場的洗手間時，把衛生紙直接扔進馬桶裡；去飯店時，用漱口杯來彈菸灰；離開飯店前用浴巾擦鞋上的泥灰等，這些行爲在我看來，屬於「本不該做，卻做了」的事。這樣的事，不做是本分，做了是丟分。

而那些「做不到也不扣分，但做到了就加分」的事情，更能體現一個人的修養。

我平常就愛觀察人們的言行舉止。我覺得，與其講修養是什麼、對我們有多重要，倒不如分享並分析一下有修養的人在生活中的具體表現。

我先誇誇自家先生，戀愛時就能從許多小事上窺見他的修養，這讓我對他很有好感。一起吃速食，吃完後他總是把餐盤拿到廚餘處理臺，把垃圾倒掉，而不是把餐盤留在桌上等服務生來收拾；一起逛超市結完帳後，出口處橫七豎八地放著購物車，他卻不會隨手把購物車放在那裡，而是找到整理好的購物車隊列，親手推進去。那時我就覺得他很會爲別人著想，婚後果然也是這樣。

女同事D也是個有修養的人。記得我和女伴第一次去女同事D家玩，D下樓來接我倆，進大樓的電子門時，D一邊跟我們聊天，一邊習慣性地扶著門輕輕關上。這個舉動被女伴盡收眼底，當場大讚她素質高，因爲很多人推開電子門，進門後就不管了，關門的聲響還很大。

D說這個習慣是從她老公那裡學來的。她以前也不扶門，自從她老公說那樣關門的聲響可能會吵到一樓的住戶後，她便養成了這種習慣。當時還單身的女伴立馬問D：「你老公還有單身的哥哥或弟弟嗎？我也要嫁一個家教這麼好的人。」

有修養、自帶人格魅力的人，在哪兒都搶手。

去年，我和一位修養極佳的女同事去北京培訓。上課時我學習專業知識，下課時女同事培訓我禮儀修養。

一路上，很多不起眼的小事，都讓我見識了女同事寧願自己多做一點，也要方便別人的「不給別人添麻煩」的觀念。如飛機降落後，機艙門還沒打開，大家就紛紛拿起行李、打開手機，亂作一團，只有她把安全帶扣好、擺正，把坐皺的坐墊鋪平；我們的三餐在飯店的自助餐廳解決，每次她取完食物，都會把用完的勺柄放好，方便下一位用餐者；培訓會議室附近的洗手間，第一個是蹲坑，後面是馬桶，蹲坑是很多人的首選，我倆下課去洗手間時，走在前面的她總是把第一格讓給我；課程結束後，我倆出門逛街，服裝店裡，她試完衣服後覺得不合身，就把衣服翻朝正面、扣好扣子，弄得整整齊齊才遞給店員。

認識這樣的同事，我覺得倍兒有面子。

對於公衆人物而言，言行舉止有修養更能圈粉。

比如我很喜歡的主持人汪涵，曾有位空姊說：「一次汪涵乘坐我們航空公司的飛機，他全程默默地坐著，腿上蓋著一條被子看書。飛機落地後，我們整理客艙時驚訝地發現，汪涵坐的位置旁邊有一條疊放整齊的被子，用過的拖鞋也被整齊地擺在腳邊。」

她們工作人員私下交流，發現汪涵乘機歷來如此。汪涵就是用自己的修養，來詮釋名字裡的「涵」字。

有次在「知乎」上看到作者倪一寧貼了一張穆熙妍微博的截圖，內容大概是穆熙妍發了日常的穿搭照片，有位網友的評論既刻薄又難聽，穆熙妍仍然以玩笑化解，還在轉發微博時，刪掉了對方的微博名字，以免粉絲去罵那個網友。

穆熙妍以德報怨的行爲，讓我對她好感倍增。以前只知道她家境很好，沒想到她家教也這麼好。

我想起一句臺詞：「每個人心裡都有一朵花，可好看了。」這些美好的言行舉止，會把我們的世界裝點得更加美好。不管是誰，做到了那些會被狂加分的事，他的內心一定有朵好看的花。

惡性溝通會加速雙方身心的折舊

女同事L在我旁邊接聽男友電話時，臉色突然由晴轉陰，語氣瞬間由好變差。開始我以為兩人在吵架，後來才知道這就是他們平常的說話方式。

我有點想不通。在工作中拿捏分寸得宜、情商頗高的女同事L，在戀愛中，時而鐵齒銅牙，時而聒噪埋怨，時而挖苦嘲諷，時而冷戰沉默，總能輕而易舉地把話說成「肇事現場」。

幾個要好的同事也沒少勸她，話語裡的負能量是會互相反彈的。你鐵齒他銅牙，戀愛處處充滿爭吵；你聒噪他埋怨，雙方好感化為齏粉；你挖苦他嘲諷，強力破壞彼此好感；你冷戰他沉默，兩人徹底濃情轉淡。這樣的兩個人就像在打乒乓球，你一句狠話放過去，他加大力度扣殺回來，如此反覆，直到一方接不住，掀桌走人。

彼此傷害有什麼好？我見過不少常年爭吵、惡語相向的夫婦，他們的外在狀態即是兩人關係的揭示者：女的臉色蠟黃，皺紋「深刻」；男的因循苟且，麻木消沉。兩個人之間的惡性溝通，勢必會加速雙方身體和心靈的「折舊」。

提到「會說話」三個字，身邊一位朋友有句經典臺詞：「能用說話搞定的事，幹麼非要跟自己的身心過不去。」我深以爲然。我一直覺得，女孩們要好好說話，少發脾氣。**發脾氣，就像發行限量版的名牌包包，發行得越少越容易被惦記，天天都在發行的，只能是廉價的地攤貨。**

有女孩表示不服，難道沒聽過「懂事遭雷劈，驕縱有人疼」？沒錯，小作是情趣，大作易傷人。

有妻子反駁，不是說「家是個讓人放鬆的地方」嗎？但家也絕對不是讓人放肆的地方。有女人撇嘴：「我就是刀子嘴豆腐心的人，不行嗎？」天哪！你先拿刀子嘴傷人，再用豆腐心傷己，這到底是爲哪般啊？

兩個人在日常相處中，摩擦和衝突肯定會有，一旦你說出難聽的話，事後必要反省：當時究竟是爲了發洩不滿情緒，還是想眞正地解決問題？如果是發洩情緒，說氣話只會起負作用，負面情緒會在你們爭執的回合中逐漸增強，最終兩敗俱傷；如果想解決問題，就更加應該注重溝通的方式，把話說到點子上，你大聲喊叫，只會讓說服力大打折扣。

我畢業後去深圳找工作那段時間，認識了一對感情很好的中年夫婦。阿姨常跟我說起叔叔當年是如何在眾多追求者中追到她的，而阿姨的說話方式使我受益至今。

一見到她，就能感受到她滿滿的熱情。她總是笑意盈盈，講話還時常以「喔」收尾，聽她說話讓人感到格外舒心。

她那些真誠合宜的誇讚、含情脈脈的撒嬌、包裹糖衣的批評、恰逢其時的幽默，都一一列進了我的待學課表。其中，我亟需惡補的是以下兩點：

1. 換詞大法

比如，阿姨當面稱呼叔叔時，不會直接說「你」，而是說「老公你」，顯得很親密；當她講話後叔叔擺出一臉困惑時，她不會說「你聽懂了嗎」，而是說「我說清楚了嗎」，一點也不讓對方感到尷尬；叔叔朋友推薦的股票虧了錢，她沒說「都怪你朋友」，而是說「我倆看走眼了」，一種共進共退的情誼蘊含其中。此外，她還把「買房」說成是「擁有共同的家」，把「供養孩子」說成是「陪孩子成長」。對語言敏感的我覺得，這種回避壓力、描繪美好藍圖的說話方式能讓人心生樂觀。

2.預告機制

我目睹過幾次阿姨發脾氣，最有借鑑價值的一點是，每當她忍不住要發脾氣之前，都會給予身邊的人明確的預告。

有天她因工作的事在家生氣，發怒之前她告訴叔叔要站在她這邊，然後開始痛批公司的小人。就算叔叔再沒眼力見兒，也知道要聲援她，五分鐘後她就釋然了。

還有一次，叔叔惹她生氣了，她先點明叔叔的哪個行爲踩到了她的雷區，再直截了當地說：「我生氣了，你得哄到我開心爲止。」我就遠遠地看著叔叔各種逗她開心，兩人很快和解。

多少女人，不是選擇直接說「站在我這邊」，而是說「你來評評理」，別人評理時她又發飆；多少女人，不坦言說「哄我開心」，而是說「我沒生氣」，別人沒哄時她又炸毛。

如果你生氣前說明原因，在乎你的人自會體諒、包容你，但你無理取鬧、胡攪蠻纏、遷怒家人，恐怕只會衍生出更大的矛盾。

互相讚美，結果雙方都越讚越美。**任何惡言都會「計件收費」，任何誇讚都會爲甜蜜積分。**阿姨的說話方式潛移默化地營造了良好的家庭氛圍，讓夫妻關係越來越好。

能好好和家人說話，是一種才華

某天，我和先生去外面吃晚飯。吃完走路回家，到家時又熱又累。

他要去洗澡，我打開電視想看一檔眞人秀節目，問他節目的名字叫什麼，他回我一句「你不會自己找找嗎」，然後就去洗澡了。

我被他這個反問句弄得很不高興，等他洗完澡，我跟他動之以情，曉之以理：「你這麼說讓我不舒服，同一個意思，換成『我也記不得了，你找找看吧』，是不是好多了？」他嘿嘿一笑，又回我一句「你就是想太多」。

這句話又戳中了我的「氣點」，我埋怨他：「你爲什麼總能不費吹灰之力就把我惹生氣？」接下來他問我哪次惹到我了，我記仇地翻舊帳，爭執十分鐘後，我倆各自面壁。

事後自省，雖然他說的「你不會自己找找嗎」「你就是想太多」惹我不高興，但我那句「爲什麼你總是這樣」同樣也惹到了他。我發現自己有時也會下意識地說「你總是怎樣」「你從來不怎樣」這類的話，但回頭仔細想想，這話既發散重點，又擴大打擊面，很容易讓人生氣。

我決定以後說這類話時都換個說法，比如「你這次做了什麼讓我感到不高興」「你那次沒做什麼令我感到鬱悶」，就事論事，不亂扣帽子。

自從替換了那些讓對方感到不適的話語後，我倆的關係變得更加和諧了。有一篇文章叫〈好好和家人說話有多重要〉，相信很多人都很認同，但難以做到。其實，不少問題就出在很多習慣用語上，大家心情好時可能不會在意，一旦又累又煩，怒火就容易被煽起來，進而引發爭吵。

有次我去看望在休產假的女友人。她家眞是熱鬧，爲了照顧剛出月子的產婦和滿月不久的孩子，雙方父母都來幫忙。二十七、八坪的房子裡，嬰兒的啼哭聲、大人的拌嘴聲，此起彼伏。我注意到她的家人對話的幾個細節。

她老公從洗手間出來，洗完手後沒擦乾，把水甩到了地上，女友人脫口而出：「跟你說多少遍了，不要把水甩在地上，不小心踩到水滑倒了怎麼辦？」於是她老公不開心地拖乾了地面。

她婆婆在飯廳擇菜，電話響了，就喚她公公把手機遞過來。正在澆花的公公濕著手，覺得等會兒打回去就行，就有點不耐煩地回了她婆婆一句：「沒看到我正忙著嗎？」婆婆嘟囔著洗完手，著急地接電話。

她家大胖小子睡醒後一直哭鬧，她和老公便給孩子換尿布。女友人爸媽看到他倆用濕紙巾給孩子擦屁股，開始苦口婆心地勸阻：「不要總是拿濕紙巾擦，要用清水洗。嬰兒皮膚嬌嫩，我們也是爲孫子好。」

女友人家「熱鬧」得讓我有點腦仁兒疼，我甚至感覺到空氣中有種劍拔弩張的氛圍，要不是有我這個外人在，他們可能就直接吵起來了。我趕緊告辭。

看得出她家人之間彼此在乎、互相關心，就是有些家常話不太好聽。像她對老公說的「跟你說多少遍了」，讓她老公有種小事都做不好的挫敗感；公公對婆婆說的「沒看到我正忙著嗎」，讓婆婆覺得自己不爲別人著想；她爸媽對他倆說的「我們也是爲孫子好」，讓這對年輕夫妻心生委屈。

其實我很理解迎接新生兒的手忙腳亂，以及一家七口共同居住的緊張煩躁。但如果大家都能將心比心地換一種方式說話，家庭氛圍也許就能改善很多。

有次在飯桌上，一位男同事吐槽自己的老婆「作」，他一句話沒說對，老婆就一哭二鬧三冷戰。

同事讓他舉個例子。他說他老婆最近睡眠不好，讓他下班路上買個眼罩，結果他在路上接了個電話就忘了。回家他老婆一問，他覺得不是什麼大事，就說忘記了，明天再買，過了一會兒他才意識到老婆的情緒有些不對勁。

他問老婆是不是生氣了，老婆嘴硬說沒事。他說了句「至於嗎？不就是個眼罩嘛」，結果老婆更生氣了。他問：「那要不要我現在出去買？」老婆說不用，他不耐煩地問：「你到底想怎麼著？」老婆說他態度不好，他無奈地說：「你說怎樣就怎樣吧！」

這把我們在場的女同事都急壞了。幾句對話，句句「踩雷」，我們劈頭蓋臉地對他進行了一番教育。

說句「我錯了」就行的事兒，他非得說「至於嗎」。尤其後面的「你到底想怎麼著」和「你說怎樣就怎樣」簡直嚴重越線，潛臺詞是他老婆沒完沒了地無理取鬧，他還流露出了滿不在乎、破罐子破摔的置氣感。

男同事好像有點明白了，問我們怎麼改。一個高情商的男同胞一語道破，提醒他可以說「我是真的有點不知道該怎麼辦了」或「我特別想知道我怎麼做能讓你感覺好些」，大家都很認同。**誠懇中不乏柔軟，是最能解決問題的態度。**

我之前講過一位阿姨的「弱鹼性」講話方式，即「換詞大法」。

這招其實可以舉一反三，找出那些我們平時掉以輕心但又很容易把家人惹生氣的言詞，分析其背後的含義和家人聽到後心裡的感覺，把好的發揚光大，把不好的換種方式表達。

比如，把「我早就說過了」「跟你說了好多次」「誰叫你不聽我的」替換成「看你吃虧我都心疼了」「下次真得注意了」。前者有點馬後炮，甚至有種幸災樂禍的責備，與其這樣說，倒不如共同善後，再表達自己的遺憾惋惜或溫馨提示。

比如，把「這個你就不懂了」「你明白我的意思吧」「沒看到我正忙著」替換成「這事其實有點複雜」「我可能沒說清楚」「等我忙完這會兒好嗎」。這樣既不會有咄咄逼人的壓抑感，也不會讓對方生氣，讓人聽起來更舒服。

比如，把「我這也是爲你好」「你聽我的準沒錯」替換成「我以前怎麼做，效果很不錯」「有人說怎麼做很好，你要不要試試」。這樣不給對方壓力，只是分享自己的經驗和做法，把選擇權交給對方，是相信、尊重對方的表現。

我們常在不經意間，把最難聽的話說給最親的人，還心安理得。而真正懂得珍惜家人緣分的人，不會只顧自己說話解氣，而是會換位思考，找出那些暗藏負面情緒的話，嘗試換一

種方式表達。

一個人對家人的說話方式，直接影響著家人對他的回應方式，也決定著整個家庭的氛圍。

能好好和家人說話，是一種才華。

負面的人際關係，盡快斷捨離

人在社會飄，哪能不挨人際關係的刀。

假如你正在經歷像劉瑜所說的「我曾糾結在很多奇形怪狀的人際關係裡」，作爲過來人的我想對你說：「人總得經歷幾次自我消耗，才會靜下心來反思自己的人際關係。」

我也是確立以下三個層次的人際關係原則後，才最大限度地把內耗轉化爲養分。

職場上的人際關係：可以合作，不必合群

在綜藝節目《我就是演員》的總決賽中，導師劉天池對演員宋軼說的一番話，能幫助很多年輕人。

宋軼曾跟劉天池私下訴苦，說自己的性格可能不適合在娛樂圈發展，因爲嘴不甜，不太會處理人際關係，並一直爲此而緊張，甚至一度在精神上有很大壓力。

劉天池回答：「你只要拿角色跟觀衆對話就可以了，不用學會那麼多迎來送往，那個沒有用，有用的是你一個又一個拔地而起的角色。」

在我看來，專業能力方面，宋軼的表演很有飽和度，在表演時情緒飽滿，對細節拿捏精準；配合方面，她被評價爲「以配合和交流的形式，完成整個表演」；人際方面，過於圓滑、精通世故的人反而顯得不夠專業，會耽誤能力精進和自我沉澱。

寫作這幾年，我經常收到許多來自讀者的打著「職場題」旗號的「人際題」：「部門圈子難以融入，要不要跳槽」「年會要給主管敬酒，想想就尷尬」「羨慕同事人見人愛，自己卻不行」「辜負了老闆的期待和同事的信任，內疚到沒法做事」……

其實，**一個職場人，業績最重要。人際方面，有與工作夥伴高效合作的能力即可，不需要「死要合群活受罪」**。很多人明明專業能力還存在問題，卻非要避重就輕地談論人際關係。公司雇你來是創造利潤的，不是搞人際關係的。工作是圍著目標轉的，建立好的同事關係只是完成目標的手段，只要做到不搶功勞，不搬弄是非，能禮貌待人就好。想通這一點，很多職場困擾就能簡化了。你會知道衡量問題的關鍵不是能不能融入圈子，而是企業文化和工作氛圍到底適不適合自己長遠發展；你會知道約著上廁所、茶水間八卦、請客吃飯等所謂和同事拉近關係的活動也不太重要，至於他們當你面、背你面說了什麼，你都控制不了，索性少想爲妙；你會知道不需要被主管和同事對自己的期待和信任綁架，與其擔心別人怎麼想，不如全面復盤、汲取經驗，避免下次出錯。

職場裡，專業能力爲王，可以合作，不必合群。

弱連結的人際關係：要麼有趣，要麼有用

弱連結的人際關係，介於職場和生活之間。職場上，大多是同事關係；生活中，大多是沒有利益關係的朋友。同事和朋友多數屬於強連結，而接觸頻率較低的弱連結人際，與你沒有明確的利益衝突，但未來可能會幫到你，給你提供機遇。

我參加過一個聚會，鄰座女士得知在場有位婦產科醫生後，就主動坐到醫生身邊，端茶倒水、夾菜遞紙，打聽其興趣，聊其所好，話裡話外地暗示以後懷孕生子就去找這位醫生。醫生憋屈，飯友尷尬。

其實像這樣的弱連結人際關係，你想和別人交朋友，從不功利的角度講，你要有趣；從功利的角度講，你要有用。有趣，未必是你滿口段子，或許因爲你們有共同興趣，或許因爲你們對待事物的態度及解決問題的方法相似。

有用，是一種社會資源的置換，今天我滿足你的需求，明天換你滿足我的需求，取長補短，走向雙贏，相互依存度決定關係的親疏。

在弱連結的人際關係中，費盡心思討人喜歡，很可能會自討沒趣。所以不如「修練內功」，擺脫內心貧瘠，提升專業能力，賺取社交籌碼，要麼有趣，要麼有用，最好兩者兼具。

生活中的人際關係：互相尊重，親疏隨緣

《六人行》是我最愛看的電視劇，我發自內心地嚮往，希望過上這種愛人和朋友在身邊，一起嘻嘻哈哈的生活。

幾年前我搬到了其他城市，當時我和兩個女同事極為合拍，我老公也覺得她倆很有趣，於是一直藏在我心底的那個青春六人行的念頭開始萌芽。我和老公、兩個女同事，再加上她倆各自的老公，剛好六個人。

為了讓自己夢想成真，我經常發起聚會，請客唱歌，但有時我老公不想參加。我同事偶爾提議女生聚會，致力於六人行的我卻沒把她的想法放在心上，各種不愉快的積累，終於爆

發，最後我們連朋友都不能做了。吃力不討好，讓我很委屈，其實想想，友情有點類似天然的地貌，連繫過密，心裡覺察到不舒服，就會自然而然地遠離。

有人說，非要在人間建天堂，只會造出地獄；經驗告訴我，非要在朋友中「籌備六人行」，只會讓大家分崩離析。

哲學學者及作家周國平說過：「對於人際關係，我逐漸總結出一個最合乎我性情的原則，就是互相尊重，親疏隨緣。我相信，一切好的友誼都是自然而然形成的，不是刻意求得的。我還以爲，再好的朋友也應該有距離，太熱鬧的友誼往往是空洞無物的。」越成熟，我越認同這句話。

如何在人際關係中把內耗轉化為滋養

確立了職場、生活和弱連結中的人際關係原則後，想要減少人際關係的內耗，並將其轉化爲「養分」，需要以下這「一減一增」。

「一減」，就是對損害你的人際關係盡快斷捨離，那些當面笑嘻嘻、背面說壞話的僞朋友，以後見面禮貌微笑就行，不必走心去交這樣的朋友。

投其所好，刻意維繫朋友關係，是一個人走向平庸的開始。像叔本華所說：「如果一個年輕人很早就洞察人事，擅長與人應接、打交道，在進入社會人際關係時，能夠駕輕就熟，那麼，從智力和道德的角度考慮，這可能是一個糟糕的跡象，它預示這個人屬於平庸之輩。」

「一增」，就是在和那些有趣、有才的人聊天時，彷彿沐浴在一種「弱鹼性」的有益環境中，獲得新知、啓發和力量，而像這種讓自己享受和成長的人際關係，當有誤會和尷尬時，不要聽之任之。

曾有女讀者私訊我，說和多年好友之間產生了誤會，彼此心存芥蒂，雙方漸行漸遠，渴望和好如初，卻誰都拉不下面子。如果我認識讀者的好友，眞想把那條私訊轉發給她看，讓她們互知心意。

我曾和自己的好朋友因爲誤會，斷絕往來好多年；冰釋前嫌後，覺得當時如果鼓起勇氣把心意告訴對方，我們就會又多幾年好時光。當然這招僅適用於好朋友，跟一般人就顯得矯情了。

松浦彌太郎說：「始終保持和睦氣氛的交往很膚淺。你放下身段，不惜顏面，將說不出口、羞於告人的事化作言語吐露出來，儘管過程痛苦，但是當傷口和裂痕被細心修補之後，雙方的關係一定會更加深刻、豐富，體會到平靜與滿足的心境。」

總之，當你囿於人際關係時，讓自己靜下心來，分別確立自己職場、弱連結和生活中的人際關係原則，然後減少消耗型社交，增加滋養型關係。

想要活得精彩，就和有追求的人做朋友

我收到過一個女生吐槽室友的私訊，歸納起來無非兩點：一是愛攀比，二是戲太多。

比吃比穿比父母，喜歡炫耀男朋友和新手機，而愛好學習的她去自習室看書，偏胖的室友去操場跑步，都會被其他室友冷嘲熱諷。

六個人的寢室，據她所知，有十一個微信群。誰與誰結伴上廁所就是友情的風向標，一句話也會出現「別出心裁」的解讀，實體戲和內心戲交相輝映，讓她覺得室友間相處好累。

由此我想到作家莊雅婷定義的「小雞友誼」，那是一種恨不得同食同睡的室友情誼，以及建立在分享瑣碎小事、吐槽八卦訊息基礎上的互相耽誤。

沉迷於這種親密卻毫無進步的友誼中，很難讓你有積極向上的人生。四年的大學時光轉瞬即逝，與其爲與室友相處而苦惱，不如主動去創建更優質的人際關係。你想聽課，那就讓前三排最牛的「釘子戶」們幫你占座；你享受思辨，那就去與最愛問老師爲什麼的同學討論。

從一個人所交朋友的樣子，可以大概預測他未來三到五年的狀態。於是，我給她提了一個小建議：如果你想活得精彩，那就換一撥有「野心」的朋友吧！

我採訪過美女創業工場的老闆吳靜。她本就是個很有追求的人，成天還喜歡和各種有追求的女人打交道。

她是「她經濟」研究院的創始人，與李開復、汪峰等人共同發起「中國創投名人慈善賽」，孵化了上百個女性創業項目，其中六成順利融資，估值超過六十億人民幣。

她的夢想是：「助力每個女人的創業夢，一起驕傲而美麗地活著。」如果有女人見不得其他女人好，那吳靜則是見不得其他女人不好。

關於擇友觀，她說：「寧當鳳尾，不做雞頭。我願當鳳尾，什麼時候眼中的鳳凰變成了雞，我就再找一個新的鳳凰。」我懂她的意思，所謂雞和鳳凰的比喻，並不是指權力和地位，也不是指資產和人脈的寡衆，而是與個人追求相關，與激情掛鉤。她跟我解釋女人爲什麼要去接觸比自己更有追求的女人。

第一，工作累，就別讓人際關係也累。有追求的女人，都目標清晰，爭分奪秒，說話爽快，不繞圈子，眞誠分享，高效溝通。了解彼此的利益對接點，情緒調節能力和抗干擾能力強，不拘小節。

她常在五星級飯店談業務。選個雅致的地方，過濾掉油煙重的話題。她說與周圍那些既要強又要美的女人相處，會讓自己內心迎來一股上升的激爽氣流。

第二，想讓自己染上一點牛人氣息。她說自己從一個投資人都不認識的創業小白，經過兩年時間的努力，變成了認識超過四千位投資人，合作者包括徐小平、李開復等業界成功者。不要蜷縮在自己的小世界裡，別怕牛人不帶自己玩，不要低估自己的潛力。和對生活充滿熱情、對未知好奇的女友人相處，最能提高自己的生活品質。她說：「女人天生愛比，比婆媳關係、比包包，但哪有比事業、比能力過癮？要比就比誰的公司做得更好、比誰的用戶更多。」

《奇葩說》裡邱晨向朋友告白的那期，專治女人圈子裡的小嫉妒和小攀比。

邱晨當著馬薇薇的面說：「我和你十幾年的朋友了，你什麼都比我好，比我聰明、能幹、漂亮，但我從沒覺得不開心。你馬薇薇做得到的事情，我可能做不到；可如果你都做不到的事情，我一定也做不到。所以你取得的成就，都是我的希望。我會站在這裡，是因爲你在第一季裡表現得太好了，我覺得做了你這麼久的隊友，我也不會太差。後來，我的表現果然也不差。」

我聽得熱淚盈眶，羨慕這幫辯論老手，把友誼培養成了自己想要的樣子。懶得勾心鬥角，少些挑剔和不甘，在眞誠的鼓勵下，在志同道合的切磋中，屏蔽掉無謂的計較和競爭，專注於自己熱愛的事情。

女人有「能接受朋友好，但受不了朋友比我好」的心理。我以前偶爾也會有，可在長久與他人相處中已經釋然：首先，比我好的人總會存在，不卑不亢的人生才更輕鬆，懂得取人之長補己之短就行；其次，就算人家好得比夏花還絢爛，自己整天詛咒人家，也不會耽誤人家變好，只會讓自己變差；最後，就算我覺得某人很討厭，但進步比情緒更重要，不從別人身上學點什麼，我會覺得自己吃了虧。

我越主動去結識有追求的女人，越後悔自己爲什麼沒能早點開始向人家學習。

這些年，我經常在線下偷偷向厲害的女人學習。採訪了字幕組翻譯超人考拉小巫，達沃斯、博鰲論壇常駐代表張萌……她們刷新著我的三觀，擴展著我的認知範圍，與她們一次次的「弱鹼性」談話，讓我不斷成長。

女人的追求可大可小。大到像楊瀾說的：「我的心中有個模糊的夢想，要去探索一個更大的世界。」小到像Papi醬說的：「我心裡隱約知道自己能幹點事，但又不知道自己能幹點什麼。」

有追求的女人眞養眼，好想靠近她們去沾染一點氣息。

如果把愛攀比、小動作多的朋友，置換成有夢想、有追求的朋友，把自己從負能量矩陣裡解放出來，你就會領略到世界的豐富多彩，抓住未來無限的可能。有些女人，寧願講別人的壞話，也沒勇氣審視自己，把自己困在狹隘的雞毛蒜皮裡；對自己的壞毛病網開一面，卻不願意看看身邊那些有追求的女人活得有多美，她們怕自己的自尊心受挫，怕人比人氣死人。自己明明有潛力活得很精彩，幹麼偏要活成庸庸碌碌的樣子？

阿根廷作家波赫士說過，人會逐漸與他的遭遇混為一體，從長遠來說，人也是他環境的一部分。

所以，快去和那些有追求的女人做朋友吧。

換一種說法，就是換一種活法

一次外面吃飯，兩個老人帶著小孫女在鄰桌用餐。一頓飯下來，我發現鄰桌那位爺爺特別喜歡說「跟你說了多少遍了」。

看到小女孩敲筷子，爺爺便嚴肅地說：「跟你說了多少遍了，飯桌上敲筷子很沒禮貌。」小孫女沒把他說的話當回事，過了一會兒又繼續敲。

看到老伴玩手機，爺爺嘆著氣說：「跟你說了多少遍了，總盯著手機，股票也不會漲。」老伴聽了氣不打一處來，嗆他不心疼錢。

看得出老爺爺是個顧家又疼人的人，但他的口頭禪，不僅讓家人聽著心情不爽，就連一旁的我都覺得很有壓迫感。我心想，如果他能把「跟你說了多少遍了」改成「我跟你說哦」，聊天氛圍肯定會不一樣。

回家後我對著鏡子試了一下，發現一個人在說「跟你說了多少遍」時，表情嚴肅，語氣容易越來越重，讓人覺得受到了冒犯，好像自己聽多少遍都不會，智力有問題一樣。偶爾說幾次不是事，但那個爺爺把這句話當成口頭禪，說得多了，不反駁的人不當回事兒，反駁的人則直接嗆回去。往小了說，會搞砸氛圍；往大了說，會傷了感情。

而人在說「我跟你說哦」時，表情顯得親切柔和，語氣呈上揚態勢，會讓人對接下來要說的話抱有幾分期待。我決定在個人語言系統中，用「我跟你說哦」置換掉「跟你說了多少遍」。

換掉哪些口頭禪，能讓人的情商和幸福感提高呢？讓我們細分場景，咬文嚼字一回。

兩性相處時，把「又怎麼了」換成「怎麼了怎麼了」

有個男生私訊我，希望我寫一篇關於男生怎麼哄女友開心的文章。他說他和女友說話，每次女友都會生氣，於是我讓他重演最近一次女友生氣的場景。

他說女友剛不高興，就問她又怎麼了……我急忙喊「停」。我告訴他，以後想說「又怎麼了」時，要改成「怎麼了怎麼了」，並根據女友當時的情緒選擇措辭。

就拿我來說吧，老公見我有情緒，問我「又怎麼了」時，那個「又」字非常刺耳，顯得我不可理喻，他很不耐煩。就算我原本沒生他的氣，也會把怒火燒到他的頭上。

但如果他改問我「怎麼了怎麼了」的時候，我感受到的則是他對我的關心，就算眞生他的氣，也會馬上沒脾氣，然後進行正向的溝通。

和朋友聊天時，把「為什麼」改成「怎麼了呢」

《好好說話2》裡，周玄毅講到一個溝通技巧。在聊天時，少問「爲什麼」，多問「怎麼了」。他說：「『爲什麼』顯得有負面態度，但不一定眞有，潛臺詞是『我不懂，你有義務向我解釋』，很有壓迫感。而『怎麼了』的潛臺詞是，『我雖然不懂，但認同你的觀點，你沒義務跟我解釋，但我想聽你多說幾句』。」

我剛聽到這個觀點時半信半疑，後來慢慢發現的確是這樣。我在問「爲什麼」時，是因爲我想不通、有疑問，是帶著一種尋求解答的目的發問的。而當我說完話後，別人問我「爲什麼」時，場面便不知不覺地嚴肅起來，我得找理論、想證據、舉例子，來解釋並合理化我之前說過的話。

對方幾個「爲什麼」連問下來，我著實感覺到壓迫，覺得自己不被相信或不被理解。當我解釋完，如果對方沒有心悅誠服，搞不好我們還會不歡而散。

何必呢？對老師可以多問「爲什麼」，但與朋友相處時還是多說「怎麼了」。有意識地在朋友聊天中多問「怎麼了呢」「然後呢」，同樣是接話，但這種互動會讓雙方都很輕鬆自在。

別人願意講，我也願意聽，而對方在輕鬆自在的氛圍下，會表達出更眞實的觀點，何樂而不爲呢？

工作場合中，把「我能怎麼辦」改成「我來想辦法」

朋友說過一件事，有次他去辦理業務，有個證件落在了家裡，但他手機裡存有證件的照片。他問業務員A有照片行不行，A告訴他：「這是規定，我也沒轍。」

朋友打算回去拿證件，走到門口時想著一來一回太費事，又折回去，換了業務員B說明情況，B禮貌地說：「您稍等，我去向主管請示一下。」

朋友說他在等待期間，覺得不管這事能否辦成，他都會給業務員B一個好評。他很欣賞B的「我來想辦法」，而不是A的「我能怎麼辦」。

後來他說給我聽時，我也深有同感。工作中，很多難題不是你能解決的，就算你說「我能怎麼辦」「我也沒辦法」實屬客觀情況，但對方心裡還是會不太開心，覺得你是在推諉，說不定還會遷怒於你。

如果你說「我來想法子」「我來幫幫忙」，哪怕只是去請示上級，或告訴對方一個連繫方式，哪怕最後問題沒能解決，但對方心裡肯定會被溫暖到，覺得你態度端正，待人真心誠意。

劉軒在《幸福的最小行動》中列了一個表格，一側是消極被動的負面說法，另一側是積極主動的正面說法。

能說「很好」，就別說「不差」，前者是正面回饋，後者雖然負負得正，意思也是好的，但聽到的仍是兩個充滿負能量的字眼。

能說「一切都好嗎」，就別說「現在是什麼狀況」，前者包含一種關心，而後者只顯示出預設立場不明。

能說「我要」，就別說「我必須」，前者有一種主動感，後者則顯示出控制權不在自己手裡，有點被迫、不情願。

能說「我可以接受」，就別說「我無所謂」，前者讓人覺得舒服，後者容易讓對方感到彆扭，認爲自己的付出可有可無。

能說「最近工作很充實」，就別說「忙到分身乏術」，前者聽起來積極樂觀，後者聽起來瀕臨失控。

除此之外還有很多例子。表達同一個想法，積極正面的說法與消極負面的說法相比，更利於營造雙方良好溝通的氛圍和關係，這一點我深有感觸。我已經在「你聽懂了嗎」改成「我說清楚了嗎」中規避了許多麻煩。

我在沙發上靠著老公的手說「我會不會壓著你的手」，比「你的手頂著我的背了」顯得更加溫柔體貼，替人著想。

語言學的沙皮爾—沃爾夫假說認爲，我們使用的語言能夠直接影響我們的思考方式。也有研究說，使用負面詞彙，會刺激大腦情緒化的杏仁體，而使用正面詞彙則可以啓動大腦理性的前額葉皮質。可見，多用好詞好句對身體也有好處。

所以，請專門審視一下自己的口頭禪和日常表達。揪出那些負面的、抱怨的詞句，並用積極正面的詞句將其替換掉，這能改變我們與他人關係的品質，更有利於自己的身體健康。

很多時候，換一種說法，就是換一種活法。

沒有收拾殘局的能力，就不要有善變的脾氣

上樓時，聽女鄰居講了件她的家事。

她女兒正上高三，距離大學聯考不足一百天。備考壓力日益增大，女兒課業重，沒考好，回到家中就會找藉口發脾氣，要麼是晚餐某道菜鹽放多了，要麼就說複習時聽到電視聲……弄得鄰居夫妻倆在家說話做事都躡手躡腳，可女兒總會找到各種藉口，發一通脾氣，然後摔門回到自己的房間。鄰居想找女兒談話，但她老公擔心這樣會影響女兒的心情。

斟酌再三後，鄰居還是決定告訴女兒：

「爸媽知道你考試壓力大，但調整好自己的情緒很有必要。你因爲壓力大而和別人起摩擦，還需要另花時間來平復心情，重新進入複習狀態，這會影響學習效果。將心比心地換位思考，爸媽在工作生活上都有不小的壓力，若將這些壓力都轉嫁給你，你心裡肯定也不好受。爸媽無條件愛你，接受你的壞脾氣，可一旦你情緒失控，對外人發火，只會徒增人際方面的壓力。

「大學聯考只是一個考驗，以後你還會碰到更大的考驗，面臨更大的壓力，發火除了徒增煩惱，解決不了任何問題。壓力大也不要硬憋著，跟爸媽傾訴，我們全家人一起想辦法。」

家裡和職場都是「壓力大就隨便發火」的重災區。

一個女同事與工作夥伴爭吵，遷怒於我和另一個同事A。事後她向我道歉，她知道不關我的事，但當時正在氣頭上，加上平時比較熟，情緒上來就對我發了火。她希望我原諒她的過失，別往心裡去。

我理解她，但沒法原諒。我想：「壓力大就對相熟的人發火，那誰和你熟，誰就倒楣唄？」

在辦公室向工作夥伴發火，往後相處起來會覺得彆扭，換人接手又會拖慢工作進度。就算她已經誠心道歉，但我們心裡或多或少還是留下了不愉快的陰影。

我平常壓力大時也會衝人發火，但透過這件事，我也能從被害者的無辜角度來自省。

打著壓力大的旗號，衝別人發脾氣，事後得花很大力氣補救。但發過的火，就像在別人的心牆上釘了顆釘子，即使拔掉也會留下痕跡。

有人說，**沒有收拾殘局的能力，就不要有善變的脾氣。其實，越有收拾殘局能力的人，越會選擇少發脾氣。**

有人採訪了十六位好萊塢頂級導演，問他們「是否曾經在片場生氣到摔東西，憤而走出片場」，有十五位導演說自己從沒這麼做過，因爲這樣做，對拍片毫無幫助。拍戲過程中難免有演員或工作人員發揮不達標、準備不充分，導演在預算、進度、效果等壓力下，也想發火，但他們選擇克制，因爲摔了東西、走出片場，最後還得回來繼續工作。

總之，壓力已經很大了，就別給自己和別人添麻煩了。

壓力大衝人亂發火，還有更極端的例子。

電視劇《急診科醫生》裡有個情節，一個七、八歲的小男孩因爲虐貓，感染了貓抓病。他媽媽帶他去看病，每當醫生問話他不回答時，他媽媽就對他連吼帶罵，甚至打他。

後來醫生建議他媽媽去看心理醫生，她訴苦說一個人帶著孩子壓力太大。

醫生說，孩子會模仿身邊親近的人，建議孩子的媽媽改掉說話就嚷、抬手就打的習慣。如果她能給孩子樹立良好的榜樣，孩子就不會虐待小動物了。

這是多麼可怕而又現實的映射啊，一個壓力大就亂發火的媽媽，養育出一個性情狂暴的孩子。我覺得壓力大就亂發火的人，很像一個熟透的水果，把它放在一堆青澀的水果裡，就會催熟其他水果；同理，當一個小環境中有個愛發火的人存在，容易讓周圍更多的人一點就炸。

我們平時會聽到不少社會新聞，很多陌生人之間的傷害往往是在高壓之下，因口舌之爭，進而喪失理智，做出追悔莫及的事情。

前不久聽朋友說，她居住的社區有一男子開車和老婆吵架，憋了一肚子氣，後來和一個行人發生口角，打開車門就把行人捅了一刀。

人在高壓狀態下一旦喪失自控能力，很有可能就會「客串」一把恐怖分子。誰都有壓力大的時候，但在壓力之下，更應該保持禮貌和理性。不亂發火，不亂遷怒他人，是利人利己的安全保障和美好修養。

沒壓力、心情好時，我是個幽默逗趣的開心果；壓力大、心情差時，我是個易燃易爆的霹靂彈。

有時候我也很嫌棄自己，明明知道跟對我好的人傾訴煩心事，他們也會關心我，可我就是習慣性找碴、吵鬧。我非得「以小見大」「上綱上線」，直到情緒崩潰，才會說出自己的煩心事。

事後反省，每次不是吵到元氣大傷、臉黃憔悴，就是冷戰到生活不安、工作不寧，反正從沒討到半點好處。

每次我仗著壓力大就對身邊人發火或冷戰，事後都很內疚。如果對方是親朋好友，我怕傷害了他們；如果對方是不熟的人，又怕他們會傷害我。

所以，我覺得那些擅長抗壓、和顏悅色，遇事不沉溺在情緒的水牢裡，還能好好說話辦事的人，都有偶像氣質。

我歸納了一套壓力之下也能好好說話辦事的方法，其中心是以預防爲主。

1.平時兼顧提升能力，並善待自己

尼采說：「能力可以使人避免痛苦。」很多時候壓力大，是因爲我們應對此事的能力不足。

對自己好一點，做點喜歡的事情，買點心儀的東西，別讓自己的付出超標。平時多爲自己減壓，對壓力不要「零存整發」。

2.別讓自己處於模糊的壓力之下

感覺自己壓力逐漸增大時，試著確定壓力眞正的來源，並以此爲依據，有建設性地去解決問題。

如果一直處在模糊的壓力下，只會讓自己氣呼呼的，造成更多麻煩。

3.覺得壓力遞增時，開啓抒壓模式

對我有用的解壓方式有：吃頓好吃的、買件新衣服、泡點玫瑰花茶、跑步出身汗、找朋友聊天、按摩、聽點搖滾或輕音樂……

4.在腦中預演衝人發火後的爛攤子

感覺自己的怒火快憋不住了，爆發之前要三思：發火的對象是否恰當、理由是否成立、方式是否最優，發火後又需要做哪些補救工作、自我健康的重建……越想越麻煩，就自然進入深呼吸的階段了。

我一直想做一個高壓下仍能保持爲人處世高水準的人，那樣的自己，想想都覺得迷人。

第四章

不要在別人的情緒裡，玻璃心地活著

我幾乎從來不生氣，因爲我認爲沒必要，
有問題就去解決，不要讓別人的錯誤影響自己。
但我不生氣，不代表我沒脾氣；
我不計較，不代表我脾氣好。
如果你非要觸碰我的底線，
我可以告訴你，我並非良善。

——陳丹青

忙碌疲憊時，如何保持好脾氣

一次週末，大學室友辦了一場同學會，有幾個同學還帶了孩子赴約。陶陶和她老公都是我的同學，也是同學聚會的發起者和組織者。我發現在忙亂疲憊中還能保持好脾氣的陶陶，魅力無窮大。

那幾天，陶陶開車載著我們一路吃喝玩樂，有個細節讓我很欽佩：堵車時陶陶接了個電話，她的同事問她某個資料存放在哪兒，她不疾不徐地說著存放路徑，電話交流了很久，直到同事找到。

與此同時，車內有個同學的兒子按下了車窗，熱氣頓時湧入車內。他媽媽按上車窗，男孩又按下去，他媽媽怒了，嚴厲責罵了孩子。那時孩子的哭聲、媽媽的罵聲，加上堵車和高溫，讓我心情煩躁。但陶陶一直心平氣和地打著電話，最後還跟同事說「辛苦你了」。

我邊觀察陶陶，邊設身處地想了想自己。換成我，估計小脾氣早就「破土而出」了，她卻在忙亂嘈雜中不發脾氣、不抱怨，從容地把問題逐一解決。她在忙碌疲憊中的好脾氣，很值得我學習。

有修養、不自私的聰明人，更會轉換自己的情緒。

我曾爲我忙中發火而自責。公司有個同事不願意學習，一遇到問題就找我幫忙。開始他還比較客氣，後來連謝謝都懶得說了，還說是「鍛鍊」我，我很生氣。

那天有統計表急著上報，那位同事說起我前幾天幫他的一件事情出了點小差錯，好在他已經搞定了。我聽完氣不打一處來，小脾氣說爆就爆，吼了句「你行你上，別來找我」。他吃驚地望著我，氣氛很尷尬。

我發完脾氣後，統計表也沒心思做，也沒感到大仇得報的暢快，只剩纏繞在心間的自責。

問題有很多解決方法，我卻選了效果最差的那種。電腦問題，可以讓他求助維修部；業務問題，可以轉發操作規程給他。實在忙不過來，也可以好好說，幹麼要當衆發脾氣呢？這樣顯得很不專業。

人在忙碌煩亂之中，容易過度解讀別人的話，還會以惡意去揣測別人，把自己的無力感遷怒於他人。

這個時候，把脾氣發出來是本能，把脾氣收回去才是本事。**雖然所有突如其來的脾氣，都是日積月累的委屈，可一旦發了脾氣，所有人都會忘記你幹過的活，只記得你發過的火。**

這些年我一直留心忙亂中也能保持好脾氣的人，發現他們身上有個共同點，都是以預防為主，積極改變自己與別人的互動策略。

在《我的前半生》播出前夕，有條熱搜是讓馬伊琍為劇中說麥可．傑克森漂白皮膚的臺詞道歉，沒想到馬伊琍立刻就道歉了，頓時我對她好感倍增。我覺得她是個聰明人，新劇上映肯定忙著到處宣傳，哪有時間和精力為瑣事糾纏費心，她能代表編劇道個歉，顯得更有擔當。

後來馬伊琍上了《圓桌派》，她說她最愛說「對不起」「不好意思」「我錯了」，有時即使不是自己的錯，也會習慣性地脫口而出，如此便可將許多潛在爭端化於無形。

我並不覺得這是認慫，為一點小事爭得面紅耳赤才是真的無聊，犯不著為不重要的人和事浪費時間和精力。

正如邱吉爾所說：「從一個人生氣事情的大小，就能看出一個人的價值。」

有位女讀者的留言，讓我意識到改變說話方式也能有效控制情緒。

每次她騎自行車，騎到路窄人多的市場或巷子時，突然躥出一個人，她會著急忙慌地喊：「看車！」說完她也覺得這話又板又硬，雖然目的是希望對方注意安全。而對方聽到她那句氣急敗壞的話，也會怪她「你怎麼不看路」。

後來她用「當心」來替代「看車」，對方似乎更能感覺到她的善意，也會為自己的魯莽道歉，兩人都避免了一場無謂的爭端。

語言會成為性格的一部分，所以注意自己的言語，能最大化地降低發脾氣的機率。

畫家陳丹青說：「我幾乎從來不生氣，因為我認為沒必要，有問題就去解決，不要讓別人的錯誤影響自己。但我不生氣，不代表我沒脾氣；我不計較，不代表我脾氣好。如果你非要觸碰我的底線，我可以告訴你，我並非良善。」

我發過很多脾氣，但從沒落得半點好處。我也目睹過身邊許多人的婚戀感情、事業前程、親子關係、身體健康都毀在壞脾氣上。我一直在探索，怎樣在忙碌疲憊中保持好脾氣。

生活中，如果有人在公共場合不守秩序，最好是找相關人員投訴；工作中，發脾氣不能解決問題，只會增加問題；家庭中，不要因為容易被原諒，就亂發脾氣傷害最親的人。

這些年在與壞脾氣的鬥智鬥勇中，我總結了一些小經驗。比如：煩躁的日子裡，喝點玫瑰花茶，緩解肝鬱，改善火氣，還可以透過吃零食調節情緒；意識到自己不耐煩的時候，盡量控制語速和語調；當壞消息傳來後，深呼吸數到十，再著手解決問題，要分清楚「事」和「情」；提高發脾氣的成本，不管自己的理由是否站得住腳，都要爲亂發脾氣道歉。

總之，忙碌歸忙碌，疲憊歸疲憊，千萬別亂發脾氣，不然你會更忙更累。

先處理事情，再處理心情

時裝設計師山本耀司說：「自己這個東西是看不見的，撞上一些別的什麼事，反彈回來，才會了解自己。」我深以爲然。

從很多讀者寫給我的留言和私訊中，我越來越覺得自己是個先處理事情，再處理心情的人。

讀者的問題中，除非只是單純問我心情不好怎麼辦，我才會分享自己調整心情的方法，比如去商場的迷你KTV吼幾嗓子、預約師傅做個按摩、天氣好就去附近的公園走走。但如果讀者給我的留言中，寫明了他們正在遭遇的事情破壞了他們的心情，我一般會省略掉他們的心情，盡量根據已知訊息把自己帶入其中，再分析問題、解決問題。

婚後，我最大的改變，就是做到了遇事先處理事情，再處理心情。

以前我工作不順心，心裡憋屈，回家就會借題發揮，等鬧到一定程度，才告訴老公心情不好的原因。老公很快整理好剛才的情緒，理性地幫我分析，並提出建議。

剛開始我很鬱悶，直言他一點都不懂女人心。道理我都懂，我只是需要發洩情緒，他只需要站在我這邊，陪我罵惹我生氣的人就夠了，但我老公始終學不會，每次都不緊不慢地試圖解決問題。當我意識到無法改變他後，再遇上類似情況，就找閨密發洩。果然還是女人更懂女人，閨密不分青紅皂白地支持我，每次和她聊完，我都神清氣爽。

後來我發覺不對勁，閨密站在我的立場，順著我的話說，有時比我還激動，其實這只是確立了我是受害者的立場。

以前我總認爲，道理我都懂，只是在處理之前發洩一下情緒而已。可事實不是這樣的，我只會帶著更濃烈的情緒，更不甘、更委屈的態度去處理事情，使事情向著更壞的方向發展。

經過對比，還是覺得跟老公講比較有用。當然現在他也改變了方式，會溫柔地說幾句寬慰話，讓我先把心情寄存在別處，然後轉入正題，一起計畫如何把事情圓滿解決。

我漸漸懂得，**關鍵點是處理事情，處理完事情，壞心情自然會被連根拔起，還會有成就感。但如果每次都把事情擱在一邊，忙著處理心情，陷在情緒裡無法自拔，精力和鬥志就會被漸漸稀釋，製造出新的問題，到時候事情和心情都會搞砸。**

我常看到一些人，偏要先處理心情，擱置事情。

做設計的女友人，每次交稿前已做好了打持久戰的準備。接到甲方的回饋，精準定位甲方的訴求，結合自己的美學，找到平衡點後就趕緊改稿。她說：「要一鼓作氣地把重要的事情都搞定。」

但她同事不是這樣。甲方提出修改意見後，就開始吐槽甲方的「農家樂」審美。太鬱悶了，要去吃個飯；太難受了，要去唱個歌。發洩完情緒，再花大力氣重新進入工作狀態，加班熬夜便成常態。

一次前同事被整天詢價卻不下單的客戶弄得很煩躁，說要買個輕奢物品緩解一下心情。我勸她等提成獎金到手後再買，她說那天心情糟糕，於是就刷信用卡買了個很貴的東西。後來單子沒拿到，客戶失聯，她除了擔心業績問題，還得擔心債務問題。

在經濟承受範圍內，買點東西提提士氣、犒賞自己、撫慰情緒，沒什麼不對，但我不贊成一遇到事情就立馬花錢買一時痛快的做法。與男友吵架，不去分析深層原因，買個包包就過去了；被主管訓斥，不去反省自己的過失，而是買瓶精華液讓自己開心一下。

有人甚至會養成「一擲千金」的習慣，遇到事情不是去剖析自我、解決問題，而是用簡單粗暴的方式，先討好自己的心情，以致錯失了解決問題、提升自己的良機。

我現在更喜歡這樣的順序：遇事先處理事情，等事成之後再買喜歡的東西或服務來犒賞自己。在我看來，吃頓好的、買點喜歡的東西，帶來的快感會轉瞬即逝，不如面對問題、解決問題，因爲你會發現，搞定困難的感覺其實更爽。

不要覺得「先處理事情，再處理心情」很難做到，下面分享一下我的做法。

現在的我，遇到事情，不會馬上就炸，也不會馬上去玩。我會先問自己一個問題：情緒不佳，是因爲事還是人？

如果是事，就採用「四象限法」。馬上在腦子裡畫一個向右（代表緊急）和向上（代表重要）的箭頭，分出四個象限。但凡是緊急的，不管重不重要，先去完成；如果在重要但不緊急的象限內，就分解這件事情，看看今天必須做多少，不著急的話，讓心情放飛一下也無妨；如果在既不重要也不緊急的象限內，就趕緊把這事忘了吧，怎麼開心怎麼來。

如果是人，則採用「枕頭四角法」。一般情況下，人與人是透過語言這種介質來互相傷害的，如果對方的話讓你不開心，或你們吵得不可開交，那就進入「枕頭四角法」。

枕頭有四個角，第一個角是「我對別人錯」，第二個角是「我錯別人對」，第三個角是

「我倆都對，也都錯」，第四個角是「這事不重要」。以我的經驗，想完這一輪，就能有效解開心裡的疙瘩了。

所以，當你意識到情緒不對時，不要跟著感覺走，靜下心來深呼吸，問自己不開心的理由是事還是人。是事的話，選「四象限法」；是人的話，選「枕頭四角法」。

很多時候，情緒來得快去得也快，別太拿情緒當回事。當然，如果你長期情緒低落，產生心理問題，有憂鬱症、躁鬱症，或者遇上重大創傷，就請趕緊求助醫生或諮商心理師吧。

但大多數人心理狀況良好，只有遇到事情，才會因爲刺激而產生情緒和心情問題。很多時候應該把情緒放在暗處，別把它單拎出來放在舞臺中央，還給它打上追蹤燈，反而耽誤了本該做的事。眞的不需要，也不值得。

不要在別人的情緒裡，玻璃心地活著

吃飯期間，我看了一期求職節目。臺上的小張如同一面鏡子，照出了我和身邊朋友都有的小毛病。

選手小張是一名普通院校的應屆生，臺風穩健，情商很高，表述流暢，在校期間表現突出，實習期間也得到了許多鍛鍊，但她卻很不自信。

雖然是應屆畢業生，但她已經在兩家4A廣告公司實習過，參與過衆星群集的線下活動執行，參加過二十多個項目方案的撰寫，還曾獨立負責過三個專案。很多嘉賓都想不通，她為什麼要放棄在4A廣告公司的好機會，選擇上臺找工作。

幾番詢問之下，小張剖析在實習的半年裡，她接了二十三個專案，但做成的只有五個，她覺得沒有成就感、安全感和存在感。她還說自己「是一個很糾結的人，無論什麼工作，要有認可我的老闆，覺得我可以栽培，或能發揮作用，我才會覺得工作有動力」。

主持人涂磊老師反問她：「你要堅持自己是有用的才行，難道別人不認可你就是你沒用嗎？」觀察員補充道：「一個員工，不要活在主管的情緒裡，不要用主管一時的評判，來決定自己的價值。很多年輕人容易受上級的情緒影響，甚至很想遇到一個每天笑嘻嘻的主管，但是主管的價值不在於他的情緒，而在於他能讓你學到什麼。」

我覺得觀察員那句「一個員工，不要活在主管的情緒裡」，可以舉一反三。因為我發現在職場上、在情感裡、在生活中，習慣活在別人的情緒裡而不自知的人很多。

我的一個高中同學感情受挫，原因是太注重男友家人的情緒。讀大學時，她的母親因車禍去世，令她備受打擊。她胸部長纖維瘤做手術，男友安慰她、陪著她，原本思想獨立、很有主見的她，對男友的依戀日益增強。

畢業後，男友帶她回家見他的家人，她太在乎男友家人的情緒。去之前就打聽男友家人的喜好，打工攢錢買燕窩作為見面禮；見面後察言觀色，患得患失。她總問男友，自己吃飯時坐的位子合不合適，說的話得不得體，他的媽媽和姊姊喜不喜歡她送的禮物。可在此期間，她無意間聽到男友媽媽打電話，說兒子女友帶著燕窩來家裡，才畢業就這麼浪費。

她怕別人對她沒好感而更加努力地表現，其實只會讓她整個人更加擰巴（編按：意思近似彆扭、偏執、糾結，在一些點上擰著過不去，跟自己過不去，也跟別人過不去）和緊繃。

太過在乎別人的情緒其實是個很危險的信號，在感情裡，要說「我愛你」之前，必須先知道如何說「我」。

我工作過的一家公司最後一關面試是由副總親自把關，那時他聊到一半，突然考我「提單」的英文拼寫，我說「B／L」，他讓我寫出全稱，我拼寫成bill of loading（正確版本應爲bill of lading）。

本來和顏悅色的他突然變得很嚴厲，說我學習不認眞、不踏實。當時我又氣又惱，但我道歉後迅速恢復狀態，回答他後續的提問，最後我通過了面試。

後來某次開會，副總講起此事時說，他喜歡抗壓力強的員工。他面試時經常問「提單」的英文全稱，大家平時都用縮寫，全稱拼寫正確的很少。

當他突然轉變態度，厲聲斥責面試者時，有當場就拿面紙擦眼淚的，有狀態斷崖式下跌的，而能不被他情緒影響的人，面試通過率都很高。

之前在醫院陪護時，我媽和隔壁病房的一個阿姨在走廊聊天，聊術後恢復情況，聊飲食心情，後來聊到她倆共同的主治醫生。那位嚴醫師眞是人如其姓，脾氣差、表情冷，有時候說話還很難聽，很多病人家屬都怕問她問題，我從沒見過這麼拒人於千里之外的醫生。

阿姨說自己生病本來就很虛弱，嚴醫師還從來不給好臉，阿姨越聊越氣。看我媽沒有順著她的話接下去，她又問嚴醫師對我媽凶不凶。

我媽安慰道：「大多數醫生護士都很親切友善，嚴醫師態度確實不太好，但她醫術精湛。說不定她生活遇到了挫折，所以情緒不好，也可能她工作太忙以致脾氣不好，又或者本身性格就是這樣。」

阿姨聽了還不消停，我媽笑著打斷阿姨說：「咱們現在哪有精力去在意別人的情緒？現在最重要的就是保持好心情。我們有限的精力，是用來對抗病魔的，不是用來對抗極個別醫生的壞情緒的。」

看著阿姨不再抱怨，我媽趁熱打鐵繼續勸說：「有時候我確實也會覺得嚴醫師好像不太把我們當回事兒，但反過來想，可能人家是不把這個病當回事兒呢，我們也不要把病當回事兒。」

當時我在一旁看著我媽這位退休教師發揮餘熱，腦子裡想起一句話，所謂「大難不死，必有後福」，這個後福，就是想開了，生命的每天都很寶貴，沒空活在別人的情緒裡。

我身邊有不少好友，會和我說同事的哪句玩笑話讓她心神不寧，還會讓我幫著分析相親對象回覆的訊息究竟什麼意思。以前我還會分析幾句，後來直接叫朋友想開點。有次女友人還說我站著說話不腰疼，其實我的腰已經疼過了。活在別人的情緒裡，只會讓自己受傷。

初中時我被班導誤會作弊，那天班導監考，我提前交卷後在外面玩，結果考完被莫名其妙地叫到講臺上。當著全班同學的面，班導拿出一張紙條，說是我寫給前桌同學的。我否認，班導拿出我的試卷，草草比對了一下，就說紙條和我試卷上的筆跡相同。看我不承認，她上升到「缺乏誠信，道德堪憂」的高度。我委屈地哭了，班導還把我的試卷扔了出去。

後來傳紙條的同學上臺跟班導說明了眞相，這事才算結束。這件事，讓我很討厭班導，也討厭班導教的數學課。初三時好幾個老師找我談話，鼓勵我學好數學，我才努力學習，改變了被數學拖後腿的情況。

其實想想挺沒勁，因爲別人的誤解，竟然自己破罐子破摔。後來我發現很多人和我一樣，因爲不喜歡一個老師，而不喜歡一門學科，眞的虧大了。

每當我爲生活中低素質的人鬱悶時，就會捫心自問：別人的評價爲什麼要成爲我心情的風向標？他把我掛在嘴上說一頓，我至於把他放在心裡難過嗎？

「不要活在別人的情緒裡」，別把它當作一句知易行難的口號，而要當作循序漸進的修練。對於如何降低他人情緒對自己的影響程度，我有一些針對性的訓練要點：

定期反省在每段關係中的獨立程度，當自己失去重心時，就需要重新定位並進行糾正。提高自己為人處世的能力，當別人有情緒時，先確定與自己有無關係，別盲目地問責自己。情緒被人影響了，可以站在對方立場上想問題，或者做點讓自己開心的事，轉移注意力。

何必在別人的刀子嘴裡，豆腐心地活著？何必在別人的壞情緒裡，玻璃心地活著？那些身上沒有擰巴感的人，很少活在別人的情緒裡。

把擰著的部分打開，活出灑脫明媚的自己

作家王朔那句「見過擰巴的，沒見過這麼擰巴的」，我懷疑是專門用來形容我的同事茜茜的。隨便挑幾段她說的話，擰巴感就出來了。

「我昨天下班等車時，肚子有點不舒服。等公車吧，好久不來一輛，又擔心沒座；打快車吧，舒服但又有點貴。糾結再三後叫了快車，剛坐上車，就看見後面公車來了，全程後悔沒等公車。」

「最近減肥，天氣越來越冷，食欲越來越大，但我先恐嚇自己少吃晚餐，再自我催眠讓自己覺得飽了。到七、八點鐘餓得頭暈眼花，咬牙死扛，最後擰巴到九點或十點鐘，再報復性狂吃。」

「前幾天我看到主管的業績統計表，之前有個與同事合作的項目，『軍功章』上只有同事那半，沒我的這半。問吧，顯得太計較；不問吧，心裡又過不去。心裡明明有事，還要硬裝作沒事的樣子，真擰巴。」

「分手後，擇偶觀變得擰巴：跟有錢的談戀愛，怕消費觀不同；找沒錢的，又擔心生活品質下降；找見識廣的，怕自己不夠有趣；找顏值高的，又怕自己不出衆。」

有時候她無奈苦笑，受不了自己擰巴的性格。多希望她這股擰巴勁兒是用在工作上的精益求精，而不是患得患失。我覺得她已經把「擰巴」詮釋得很全面了，內心戲一波未平一波又起，捕風捉影，太在意別人對自己的看法，慣著自己的脆弱和敏感，既念過去又畏將來。

有的人在感情生活裡拿不起放不下，有的人在人際交往裡容易被別人的情緒干擾，有的人爲沒有發生的事擰巴，有的人爲不重要的人糾結。

這讓我意識到兩點：一是現代女性活得真擰巴，二是防止擰巴是一種剛需。我在與擰巴多年的鬥智鬥勇中也頗有心得，於是斗膽寫下「都市女性防擰巴指南」。

1. 不要為沒發生的事擰巴

我收到最多的讀者提問，一類是擰巴感情，一類是擰巴工作。

有個小女生說：「昨天相親見到一個性格有點悶的男生，做事很牢靠，但我擔心婚後他不會哄我。」我覺得小女生想得太長遠了，八字還沒一撇呢，就開始操心婚後的生活細節。

有個畢業生擔心若是直接就業，沒有高學歷的加持難以找到理想的工作，考研究所又怕這個科系讀出來後就業困難，這把她困擾到失眠。

我見過不少人上著班去讀在職研究生，上著學去兼職創業或打工。在我看來，人生沒有一步到位，都是分階段的，每個階段各有側重點，跟著當下的實際情況去選。我對這點體會太深，面對兩難的選擇，與其爲還沒發生的事情糾結，倒不如把精力聚焦於現在，做些更有意義的事。

假如我選擇A沒選B，還總拿著A的不好去對抗B的好，我會擰巴到打結的。這時我會提醒自己：「B的好是我想像出來的，B的不好我是沒想到的。選了A就多想A的好，把A一條道走到亮。」

擰巴沒用，你得行動。

2.不值得為過去的事情耿耿於懷

我的手機才買了兩個月，升級版就上市了，原先我買的那款驟降好幾百塊人民幣，朋友調侃我「你買虧了」。

可我這兩個月用得很開心，並沒覺得虧。再說就算降價，也沒人給我退還差價，擰巴也沒用。我堅持買完東西就不再過問價格，後續或漲或跌都無所謂，反正錢都花出去了，東西也提前用到了。

過去的消費不可能永遠保值，過去的選擇不可能都盡善盡美，總會有遺憾、有痛苦，可一味沉溺於遺憾和痛苦中，就是在耽誤自己。如果不是消費行業研究者，買完東西就別關注價格；如果不是爲了估算分數，考完就別對答案；如果不想和前任復合，分手後就別盯著前任的社交帳號無法自拔。

別爲打翻的牛奶哭泣，別爲錯過的星星流淚，痛苦不是財富，對痛苦的反思才是財富。從失敗中提取經驗，及時止損，才是對自己負責。

3.不要輕易被別人影響

有次看節目，一名女職員從公司離職，她說工作沒給她帶來成就感。但她計算成就感，不是看客觀的業績指標，而是看主管的心情。我覺得她的價值座標被別人的情緒帶偏了。

有人脾氣不好，可能是家裡有事，或身體抱恙，抑或情商過低，而不是你哪句話沒說對、哪件事沒做好惹的禍。

多少人因爲別人的小舉動，而引發自己複雜的內心活動。發個朋友圈怕別人看到會多想，朋友沒給按讚就心事重重，懷疑同事說的話是不是暗諷自己……其實自己演那麼多內心戲，也沒人買票來看。

我被別人影響多次以後，逐漸理清了一點：適當自省是好的，但總把別人凌駕於自己之上，在別人的情緒裡活著，自己只會越活越擰巴。

4.心甘情願地付出，就不要惦記回報

我有個南方女友人嫁到了北方，有次她辛苦地學著包餃子，老公沒誇到位，結果兩人吵了一架。後來我開導她說：「就當單純吃了頓餃子，幹麼非得在心裡演一齣自己討人歡心未遂的戲碼？」

彼此的付出，會讓一段關係變好；但付出一點就想要回報，會讓一段關係變糟。「我爲你付出了那麼多，你卻這樣對我」的句式咄咄逼人。親情裡，「我爲你換了一份離你學校近的工作，你就只考這點分」；愛情裡，「我爲你放棄工作全職在家，你回來還擺著副臭臉」；友情裡，「上次我陪你出去辦事，這次讓你幫我帶個飯你都忘了」。

有人說：「我的一切付出都是心甘情願的，我對此絕口不提。你若投桃報李，我會十分感激；你若無動於衷，我也不會灰心喪氣。」

如果自認爲難以達到上述境界的話，我覺得付出時，這樣做也能有效減少內心不快：選擇對的人付出，能從付出中提煉出快樂。

吃得苦中苦，心裡眞的堵，所以要學會取悅自己。

5.與其磨蹭，不如趕緊做完

讀大學時我最怕冬天，因爲寢室裡有個女生要爲上廁所糾結好久，起床覺得冷，忍著覺得憋，翻來覆去，嘟嘟囔囔，影響我們休息。好多個冬天的夜晚，她自己擰巴，也影響了我們。

好友莫名其妙疏遠我，爲什麼不能直接走過去聊一聊原因呢？中意公司的面試叫我回家等消息，爲什麼不能在煎熬中試著打電話詢問進展？覺得自己的言行可能傷害到別人，爲什麼不能鼓起勇氣馬上給別人道歉？覺得身體不舒服，爲什麼不去醫院檢查而在網上亂查，把自己嚇個半死？

短時間就能解決的問題，非要擰巴好久，在磨蹭中，擰巴的「濃度」會飆升。明確自己要做的事和想做的事，明確自己的底線，給自己限定截止日期，到那個時間節點，就要催促自己抽身而出。

6.不要慣著自己的擰巴

前段時間我在醫院，聽到病人之間相互安慰最多的就是，遇到不順心的事情就想開一點。換句話說，就是不要慣著自己的擰巴，不僅心情不允許，體檢指標也不允許。

有時擰巴來擰巴去，對事情的進展沒有任何正向的推動作用，不僅把自己搞得內心焦灼、肝氣鬱結，還會拖延事情的進度。

同是天涯擰巴人，有時候覺得我們女人太需要一種自我訓練。

即分出一個旁觀者的「分身」，提醒處於擰巴中的自己：哪些表現擰巴了？爲什麼要擰巴？擰巴有什麼壞處？怎麼避免擰巴？

再分出一個享樂者的「分身」：是每日推送的音樂不好聽，是電影、綜藝節目不好看，還是看書、遊戲、運動沒意思？只看到「小確喪」，看不到小確幸，是跟自己過不去。

我一直覺得，防擰巴是一場曠日持久的自律戰爭。網上有句話：「『不行就分、喜歡就買、重啓試試、關你啥事、關我啥事』，經常運用這五個簡單粗暴的法則，你將減少八成的擰巴。」話糙理不糙。我想起有位博主說自己喜歡看日劇的原因，是因爲日劇不兜售成功學，只反覆講一個道理：無論你活成什麼樣，奇葩也好，失敗也罷，只要是你自己選的，沒傷害別人，內心不擰巴，就是好人生。

願我們一天比一天不擰巴，把擰著的部分打開，活出瀟脫明媚的自己。

你這麼好看，不要生氣

週末，我和先生出去吃早餐。我們商量好吃什麼後，他在一樓櫃臺排隊點餐，我上二樓占座。

等餐期間，我發現一位美女。她皮膚潤澤、唇紅齒白，陽光給她的輪廓鑲上一圈金光，漂亮到讓我看得呆住，我就靜靜地看著她擺弄手機。不一會兒，她的男伴拿著餐盤上樓了，她看到餐盤，突然臉色一沉，生起氣來：「剛剛不是告訴過你，把豆漿換成南瓜粥嗎？」

她的男伴解釋說：「樓下點餐的人太多，點餐時已經說清楚了，但還是沒有換。我想再換的話又要等很久，怕你肚子餓，就趕緊拿上來了。」

本以爲憑男伴的耐心說辭，美女的氣會馬上消失，可美女壓低眉眼，目露怒意，鼻孔擴張，嘴唇緊繃，怒不可遏地數落著男伴的不是。那個美女眼睛越來越小，嘴巴和鼻孔越來越大，五官的精緻感瞬間蕩然無存，剛才那漂亮到讓我看呆的姣好面容，瞬間變得猙獰扭曲。

我先生端著早餐上樓後，我邊吃邊想，一旦生氣，一個人再好看的五官也會變醜。

年前回家在機場安檢時，前面有個女孩被查出攜帶的液體超標。女孩說那瓶卸妝水兩百五十毫升，她剩下的都不到三分之一，肯定不會超過一百毫升。但安檢人員解釋說：「瓶身包裝須小於或等於一百毫升，超過則需要辦託運；如果能在一個月內返回的話，可以填下寄存單，憑單取物。」

女孩聽完就生氣了，把那瓶卸妝水扔掉後，生氣地收拾行李，嘟囔著安檢人員爲難她。與她同行的女伴了解事情原委後，一路邊走邊勸：「首先，對於一百毫升的容器，安檢人員好執行，若是一百毫升的液體，他們也不好測量；其次，不就是一瓶快用完的卸妝水嗎？很多連鎖美妝店都有賣的，舊的不去，新的不來；最關鍵的是，人生氣時臉部會產生毒素，研究顯示，母親生氣時哺育孩子，母乳裡的毒素會影響孩子的成長。你護膚養生那麼久，卻被生氣毀於一旦，多不值得。」

剛剛還生氣的女孩在女伴的安慰開導下，臉色轉陰爲晴，兩個人很快聊起別的開心事。

遇到倒楣事時，如果覺得別人在故意爲難我們，我們就會情不自禁地越想越氣。但如果我們理性一些，分析客觀原因，換位思考，想想別人的難處，意識到生氣的弊端，就不會再生氣了。

在我看來，有三種氣最生不得。

1. 生悶氣

女同事找我訴苦，說她因爲不順心的事而生悶氣，氣得臉上冒痘、心情煩躁，胸口還隱隱作痛。

我跟她講起了作家吳淡如列過的一個「世事損利衡量表」。利人利己：每個人都應該做；利人損己：慈善家；損人利己：自私鬼；利人不利己：笨蛋；單純損己：蠢到死，例如，生悶氣。

女同事聽後豁然開朗。雖然她看不慣別人，但以她的善良，她不會表現出來，更不會從中作梗，所以只能單純地傷害自己，對別人沒有半點影響。爲什麼要和自己過不去呢？

2. 遷怒

我又要拿我同學的例子來說。她畢業後在一家銀行做櫃員，有次不小心把本該自己保留的傳票錯給了客戶，幾經周折才從客戶那裡拿回來。回家後她的心情非常糟糕，向男友撒氣、找碴、翻舊帳，鬧到當場分手。

如果要生氣，一定要找到真正的對象。如果我同學說生自己的氣，男友肯定會安慰她，可她卻去生男友的氣，反而擴大了傷害面，結果更糟。

3.為小事抓狂

有個做設計的朋友跟我講，她們公司有個新員工，與甲方溝通了好多次，最後甲方打電話說選第一版，新員工在電話裡就發飆了，覺得對方要她，「不伺候了」，當天她的試用期就結束了。

很多時候本來是件小事，偏要放大。家裡發現一隻老鼠，又何必放火把整個房子都燒掉？

因爲我自己也是個容易爲小事生氣的人，所以我研究這種情緒很久了。我生氣的時候，手會發抖，聲音發顫，心跳加快，呼吸加速，臉越來越燙。生完氣後還有很多事要忙，除了善後、道歉，還要泡玫瑰花茶，按摩太衝穴，多敲膽經和大腿胃經，整套做下來，一點也不輕鬆。

所以少生氣很必要，我有些心得和大家分享一下。

意識到自己快要生氣時，「分出」一個理性的談判專家。談判專家負責拷問自己：你因什麼生氣？這麼生氣到底值不值？怎樣做才能滿足眞實訴求？

一人分飾兩角，聽起來很奇怪，但很有用。我一般自問自答到第二個問題時，氣就消得差不多了，因爲很多氣都不值得生。不能爲了不值得的人、不值得的事，做出傷害自己顏值、身體、形象、事業的事情，你有更好的選擇。

在生氣時，想像有個導演對著你喊停。很多人生起氣來，氣到要死也不願停，鑽牛角尖鑽到頭破血流，死活不肯翻篇讓它過去。所以，你一定要學會喊停，最好用正面的事物來轉移自己的注意力。

以我的經驗來說，聽悲傷婉轉的音樂能有效平復心情，看無厘頭的喜劇能夠讓人忘卻煩惱，找個幽默有趣的朋友聊點開心的話題，心情就可以變得舒暢。爲了自己在關鍵時刻有拿得出手的素材，平時要多積攢一些美好和快樂。如果收到非理性的攻擊言論，我就趕緊點開那些以前誇過我的讀者留言來看。

心裡意難平時，默默背誦平復心情的金句。證嚴法師說：「看人不順眼，是自己修養不夠。」林則徐說：「如果是我錯了，我憑什麼生氣；如果是別人錯了，我爲什麼生氣。」

康德說：「生氣是拿別人的錯誤懲罰自己。」還有我最常對自己說的：「你生氣就不好看了。」

生氣無可避免，但要針對讓你生氣的對象，採用合適的方式，處理完後趕緊調整心態。畢竟，你這麼美麗，所以請不要生氣。

過有準備的人生，才是不焦慮的活法

缺乏準備會讓人陷入焦慮，比如最近發生在我身邊的兩件事。

第一件是有個大三男生發私訊給我，說馬上要考英語四級了，而他一直把大一大二當作過週末，看漫畫、打遊戲、談戀愛。室友已經開始連繫實習公司，同學剛剛考過了上海高級口譯。他瀏覽求職網站，發現英語四級是很多企業招聘的最低要求，他開始慌神了，畢竟留給他考四級的時間已經不多了。

於是他整天泡在圖書館裡，臨時抱佛腳。掐著時間做套眞實考題，答完題時，題目和選項不在一頁上這種小事都會讓他心煩意亂。做完核對答案，正確率不足三分之一，這更是加劇了他的焦慮。

第二件是我的寫作搭檔慶哥。上次我倆溝通有點誤會，當得知第二天輪到她更新文章，但她還沒動筆時，她就一頭扎進了焦慮之中。

不巧慶哥那幾天事情很多，要陪著老公答辯，還要參加朋友的婚禮，玩也玩不痛快，吃也吃不踏實，文章選題一換再換，發文日期一推再推。她發來的語音訊息都夾雜著咆哮聲，打出的文字也附加了感嘆號，讓我隔著螢幕都被她的焦慮傳染了。

文章推送後，慶哥頓感輕鬆。她說：「以後做事一定要有計畫、有準備，不然眞的會焦慮到折壽。」

這兩件事告訴我，準備和焦慮之間是此消彼長的關係。

對待焦慮，大家一般有兩種表現。一種是焦慮後置型，把焦慮拖延成定時炸彈；一種是焦慮分解型，用日常準備拆解焦慮。

我一直認爲，**準備是緩解焦慮的良藥**。

在我心中，張萌一直過著有準備的人生。之前就聽過她學習英語「一千天小樹林」的事蹟。

當時她從浙江大學退學後，復讀一年便考入了北京師範大學，我能想像她那時的焦慮。從浙江大學退學後，親友的不理解、孤注一擲地追求外交官夢、一直引以爲傲的英語在摸底考試中墊底，重重壓力，讓她有些喘不過氣。她冷靜下來，根據一萬小時定律，以及自己的現狀和目標，做了個「一千天小樹林」計畫。

她的書裡描述了她的演算步驟。英文好是外交官的標配，外交官一般在讀大四時應聘，所以她只有三年的準備時間。三年搞定一萬小時，減去大一到大三時學校爲英文系的學生提供的約五千個小時的英語學習時數，所以她得在三年裡額外準備五千個小時，就是每天需要自學三～五個小時。

目標分解後，便開始執行，無論三九天還是三伏天，她每天早晨五點起床，讀三～五個小時英語。由於起得早，教學樓還沒開門，她只能去小樹林裡朗讀。完成當天計畫後打勾，並對每天的效能進行評估改進。三個月後，英語考試成績她全班第一，讀大三時獲得「APEC未來之聲」英語演講比賽全國第一。

能說一口流利英語的人非常不簡單，你可以想像他們在此之前練習了多長時間。他們懂得合理分配精力，且執行力強，效率驚人。

張萌就是爲喜歡的人生主動做準備的人，她也影響著越來越多的小夥伴。

三十四歲「老來得子」，勾起我們對生育年限的焦慮；三十五歲月薪才人民幣兩千四，引發我們對安身立命的焦慮。

讀楊瀾的書，讓我獲得了許多啓發。她在書裡說，自己是採訪的「功課主義者」。她覺得自己並不算特別聰明，幸好有自知之明，知道要提前做功課、下功夫。

有次她要採訪索羅斯，在有限的時間內，她做了大量準備工作，知識範圍從對沖基金到金融準則，從經濟理論到政治哲學。做好準備工作後心裡有底，採訪也就得心應手，採訪後賓主盡歡。索羅斯誇她：「你對我的理論總結，比我自己表達得更爲清晰。」

「每次採訪的功課量以平均十萬字計，策畫、採訪、編輯等時間加在一起，上萬個小時也應該是有的。」楊瀾還放了句狠話，「我敢說，只要給我足夠時間準備，採訪任何人都是可能的。」

在一本記錄好萊塢編劇教父羅伯特．麥基的書中，麥基分享了如何避免陳詞濫調的方法——「決定寫任何一個故事之前，要找十種方式來寫這個故事」。

「比如講一個愛情故事，關於男女主角相遇，最好寫十五到二十種相遇的方式，羅列下這些方式，看哪一種方式最接近人物的生活。如果聚會是最合適的認識方式，那就把其他方式撕掉，再寫十種聚會上認識的場景，然後再去聚會上了解情況和細節。」

麥基說：「如果你不認爲自己是主題的權威，你怎麼敢寫呢？」採訪或編劇都是讓人焦慮的工作。從容不迫的採訪者，背後做了大量功課；教父級別的編劇，私底下撕毀了多少備選。他們懂得用準備來抵消焦慮。

我最焦慮的時候，是對自己的準備最不自信的時候。在生活中，我總會下意識地不讓自己落入「準備不好—焦慮—更準備不好—更焦慮」的惡性循環裡。以下是我對抗焦慮的一些方法。

爲了減少出差前的焦慮，我會提前兩天把旅行箱敞開，在家想到什麼東西便順手放進去，出行前檢查證件，買完票後核對日期。

爲了減少檢查工作時的焦慮，只有平時做好電子歸檔和紙本存檔，索引明晰，才不會在檢查時出錯。

爲了減少上臺做彙報時的焦慮，提前在家就把材料記熟，對著鏡子多演練幾遍，預料可能發生的事，並備好應急預備方案。

爲了減少等體檢報告的焦慮，平日裡就規律作息，均衡飲食，堅持運動，保持心情愉悅。

人生沒有白走的路，每個準備都算數。這些年，我逐漸理清兩點：**爲自己難以掌控的部**

分焦慮毫無意義，有意義的是，關注自己能控制的部分；在能控制的部分裡，階段性地確立目標，再將其分解到每個更小的階段裡，過有準備的人生。

我深深贊同羅輯思維聯合創始人脫不花寫過的一句話：「能把人的潛力徹底區分開的，是他的準備度。自己在密室裡的準備，會把焦慮最小化、潛力最大化。」

看到手機電量不足百分之十，焦慮也沒用，你得一格一格地充電。人生也是。

我從討厭的人身上學到更多

有條讀者留言讓我哭笑不得：「聽說你是個『天蠍女』，我發現天蠍座的人最不好惹了，被你們討厭的人，下場一定很慘吧？」

當時我心裡想，作爲一個「天蠍女」，善妒、記仇、腹黑，被認爲是天蠍座的「出廠設定」。但我不會挖空心思去整我討厭的人，因爲那樣會讓我討厭自己，儘管有時的確會很生氣，但我只會拿來當作自省和學習的機會。

想起一位比我小兩歲的天蠍座女友人，我倆很投緣。一次，她向我吐槽她們公司的女同事A，說A長得漂亮，學歷很高，能力也強，但很多事情做得不厚道，是個利己主義者。

她一邊拿出手機翻著A的朋友圈給我看，一邊表情不悅地講A的爲人處世案例給我聽。我很困惑，設定成不看A的朋友圈不就好了，眼不見爲淨，省得心情不爽。

女友人冷靜下來說，讓她感到痛苦的人，她必須從對方身上學到有用的東西，哪能讓自己白白受苦。

我曾剖析自己在人際交往中的負面情緒，基本分三檔：看不慣、討厭和憎惡。我看不慣的人不少，討厭的人不多，憎惡的人暫無。講個我討厭過的人吧，她是以前部門裡一個與我同年同月同日生的女孩。

起初我倆覺得緣分妙不可言，從工作業務聊到同事八卦，從感情狀態講到私人祕密，有種相見恨晚的感覺。她剛進公司幾個月就懷孕了，我盡力照顧她，列印、拎包、加班盡量代勞，難做的工作留給自己，輕鬆的工作讓她處理。

她對我的態度，也從對我心懷感激，慢慢變成理所當然。

在她休完產假後的那段時間，我的人生陷入了低潮，而她自顧自地幸福著，天天講公婆對她親如女兒，老公與她蜜如初戀，孩子可愛得像天使，全款買下的房子火速升值。

她的工作品質大打折扣，更高頻率地找我調班。其實我能理解初爲人母的喜悅，也知道職場媽媽的辛苦，但因我們做的是同一項工作，在公司人手沒有增加的情況下，她少做，就意味著我得多做，時間久了，我不堪重負。

她上班開小差，午間晒幸福，下班準點走，我開始對她不滿。

有天我身體不舒服，她下班把沒做完的工作交接給我，說要趕緊回去，家人等她吃飯，可她何曾想過我要加班到很晚。

分歧越來越多，直到爆發爭執。後來我倆彼此回避，再也不連繫。

其實我很少討厭別人，因爲我不想耗費心力在我討厭的人身上。但她例外，在很長一段時間裡我都討厭她，想起來就會心情不好，回憶中只要她參與的事情，我都會本能地蓋個討厭的章。

後來我開始慢慢反省，身邊的朋友，邊界感差的、分寸感次的、說話帶刺的、人品不佳的，我通常都會停留在「看不慣」的範疇，就算吃點小虧，也能及時抽身，疏遠開來。而爲什麼對同年同月同日生的她，我會動用「討厭」這種強烈的情緒呢？

客觀上說，工作分工機制、人生角色變化都有影響；主觀來說，她的秀恩愛、晒娃、炫富招我煩，對我幫她卻被視作分內事覺得不甘。但我一直沒勇氣承認的根本原因是：我平時是個不善嫉妒、不愛計較的人，可當我脆弱時，我對她的討厭，暗藏著我對她順境人生的羨慕，也附帶著對自己無能的憤怒。

她的順境與我的無能，才是關鍵詞。

分開後的某天，我豁然開朗：與其討厭她，不如想想她的哪些性格塑造了她的順境，我的哪些缺點埋伏了我的無能。

我拿出紙筆，寫完我對她的不滿後，開始分析原因，然後找出她的優點：

她公婆對她好，因爲她確實是發自內心地尊重兩位老人；她老公很愛她，因爲她總能發現並稱讚老公的優點；她女兒很可愛，是因爲她懷孕期間心情很好，而且注意飲食；她房子升值，是因爲她家投資意識很強，買房前做了很久的功課。

當我轉變觀點和態度，排除掉環境際遇的因素後，我發現了我的暗面，挖掘出了她的亮面。

從她的缺點出發，我意識到一旦把任何人對自己的好都當成理所當然的話，這段關係就會變得岌岌可危；從她的優點出發，當我開始循序漸進地實踐她值得學習的地方時，我在生活、家庭方面也變得順風順水。這讓我知道，**僅僅討厭沒有任何價值，要從討厭的人身上學到東西，才有價值**。

在音頻節目《好好說話》中，黃執中講過「粗口會讓人變笨」。

他說，粗口可以概括很多意思和情緒，如果你的語言粗糙、模糊、貧乏，那麼你的腦子也不會太複雜。

我覺得討厭也會讓人變笨。對於一個我們不喜歡、看不慣的人，如果只是簡單粗暴地討厭他，那這個人所有的好、壞也會被你一起關進大牢。你會狹隘地錯過一個立體探究自己和別人的機會，只會感受到模模糊糊的負面情緒，卻不知道你討厭的那個人身上反映出自己內心的哪個缺口。長此以往，人生很難變得豐盈。

經歷過這件事後，我再遇到看不慣，甚至討厭的人，不會任由情緒占上風，而是從情緒的入口去自省和學習。

大部分人都是既有優點又有缺點的正常人，只要在保持自我的基礎上取長補短就夠了。

正如音樂人高曉松說的，每個人身邊的人群是常態分布的，有你喜歡的人，也會有你討厭的人。但我們**不要看到喜歡的人就完全接受，看到討厭的人就全盤否定，一定要從討厭的人身上學點東西，因爲人一旦賭氣，就會忘記做事的初衷，光想著怎麼氣別人，只會耽誤自己。**

第五章

愛得恰到好處，生活才會更美好

家庭是最基本的人際關係，
無論發生什麼事，
我都把每晚七點全家人聚在一起吃飯的習慣視若珍寶。
這比我的工作、愛好、社交都更重要。

——松浦彌太郎

原生家庭會影響你一陣子，但別讓它決定你的一輩子

這些年，「原生家庭」的概念和影響逐漸被大衆熟知，我感到很欣慰，但也遺憾「原生家庭」成爲許多年輕人生活不順的背鍋俠。

討好型人格，都怪父母從小教育自己要乖；內心自卑，都怪父母批評太多；焦慮不安，都怪父母對自己要求太嚴格；過於自我，都怪父母的溺愛。

看過不少心理學書籍後，我認識到，有心智成熟的父母，孩子可能會在心智、情緒、人際、感情等方面表現得更出色。

我曾推薦給朋友一本心理學書，她看完後，拎出書裡「原生信任感」的概念，說自己正是因爲小時候母親沒能給她心理成長所需的信任和保護，導致她一直沒有安全感。

朋友誤會了我推薦書的初衷。這本書的作者的原生家庭原本有很多問題，這使他從小敏感多疑、自卑不安，甚至患上了精神方面的疾病。但他竭力自救，並透過學習成了心理學界的泰斗，做自己的臨床醫生，治癒了自己。正如書中後記作者所說的：「即使生於不幸的環

境，也要思考如何活得幸福。」這才是我推薦那本書給朋友的原因。

在我看來，**原生家庭是會影響你的過去，但不至於決定你的未來**。

我見過一個漂亮卻自卑的女生，她是我大學同學。每次看她掛完電話黯然神傷或暗自啜泣，我就知道她是剛跟家人通完電話。

她爸媽重男輕女，偏愛弟弟。小時候姊弟倆一有矛盾，父母只會打罵她。後來她想考研究所，可家人希望她能早點工作，攢錢給弟弟買房娶妻。

在她姣好的容貌和身材裡，卻藏著一顆低到塵埃裡的心。

她對人習慣性地討好，遇事習慣性地無助，敏感多疑愛瞎想，不懂拒絕，是個愛和稀泥的老好人。追她的男生很多，但她覺得自己配不上那些男生。

男友提分手，她哭了很久。她覺得自己的性格有問題，不僅男友不喜歡，有時連自己都討厭。

我勸她看書「自救」，於是她從圖書館借來了心理學書籍和人物傳記，決定不被父母的封建思想影響，努力賺錢爭取經濟獨立，並鼓起勇氣告訴父母，愛弟弟和愛她根本不衝突。

從此，那個自卑的女生，開始看到自己的美好；那個唯唯諾諾的自卑者，慢慢蛻變成談吐從容的自信女青年。

她還曾對我說，羨慕我是獨生子女，羨慕我陽光的性格，羨慕我隔著電話和父母說笑撒嬌的樣子。

我對自己原生家庭的評分高，有我的兩點功勞。

1. 對來自原生家庭的傷害，要有記好不記壞的鈍感力

我曾經愛記仇：我媽邊批評我邊表揚別的孩子，我爸曾經把我鼻血都打出來了。這些我都記得一清二楚。直到某天，我突然意識到自己只記得父母對我的不好，卻忘記了我對父母的傷害。

我在心裡默默地做了個等價交換：我忘掉父母對我的傷害，父母也忘掉我對他們的傷害。這還不夠，我要記得他們的好，他們也記得我的好。

對父母，我不想記仇，只想感恩。

2. 透過學習，越長大越有能力改善原生家庭的狀況

小時候親朋好友來串門子，父母便誇做客的小朋友成績比我好。等客人離開，我就對他倆說：「喜歡別人家的小朋友，就去給他當爸媽好了！」爸媽說表揚別人家小孩是客套話。此後我爸媽雖然還是會稱讚別人家孩子的優點，但不會再拿我和別人家的孩子作比較。

小學時學校教珠算，爸媽得知我一句口訣都不會背，氣得發抖，罵我在學校不好好聽課。我拿出課本告訴他們，十進制不需要口訣，調查清楚後再罵也不遲。在那之後，我爸媽罵我前都會先調查清楚狀況，不會再不分青紅皂白地批評我。

高中選文理組，大學挑科系，畢業找工作，我都選擇爸媽所希望的反面。他們對我軟硬兼施，我說這是我自己的人生，我要追求自己想要的生活，對自己負責。他們放手讓我去嘗試，結果每次我都超出他們的預期，於是他們對我也越來越有信心。

長大後，父母對我的作用力越來越弱，而我對他們的作用力則越來越強。

他們第一次當爸媽，我也第一次做孩子，大家都沒經驗，得多擔待，和父母多溝通，使他們成為更好的爸媽，使自己成為更好的孩子。

聽過一個說法：每個人都有三次誕生的時刻。第一次誕生，是爸媽的精卵結合，在媽媽子宮裡著床的時刻；第二次誕生，是從媽媽肚子裡出生，進入原生家庭的時刻；第三次誕生，是透過學習，長大後，在自己的世界裡宣誓就職的時刻，亦即把從原生家庭裡被動接受的錯誤觀念、不當言行、不良習慣糾正，明辨是非、三觀端正的時刻。

世上確實有不配爲人父母的人，但對大多數人而言，父母都是愛我們的，但他們受限於觀念、知識、技能和背景的差異，不大會表達對子女的愛。無論父母如何悉心照顧，子女在成長過程中也難免會與父母磕磕碰碰，留下或小或大的心理陰影，可我們要記著家人對自己的傷害到什麼時候呢？年輕時埋怨兩句還無傷大雅，步入中年和老年後，還整天拿童年陰影和原生家庭的問題說事，就沒意義了。

我媽患病後，我非常害怕。這讓我想起一個高中同學，她看不起她工作卑微、愛嘮叨的媽媽，常對她媽惡語相向。讀大一時，她媽媽因車禍去世，十多年過去了，她還悔恨自己當時的態度太差。

作家畢淑敏說：「從我們明白人生的韻律，到與父母還能明晰地談論以往，並肩而行的日子屈指可數。」

留給我們與原生家庭和解的時間不多了，父母日漸老去，你還要計較到什麼時候？

原生家庭可能會影響你一陣子，但未必決定你一輩子。

心理學家說：「人會花一生的時間來整理童年，但此生，你是要不停向父母追責、整理童年，還是懂得內心缺憾，自行補上，然後彈個響指，朝著星辰大海繼續前行？」

控制音量，是最基礎的家風

前段時間，爸媽來我這裡小住。一天晚上，等爸媽都睡了，我就和老公看辯論綜藝節目《奇葩說》。

那期辯題很精彩，各自的偶像都上場了。老公說我的偶像論據不當，我說他的偶像偷換概念。為了維護各自的偶像，我倆都拚了，不停地按下暫停鍵和重播鍵，開啓一．五倍速的唇槍舌劍。

我越說越來勁，音量逐漸增大，老公邊說邊對我比了個降低音量的手勢，我才意識到爸媽已經睡了。當我以更低的音量繼續闡述我的觀點時，我發現，語速變慢了，態度變得更溫和，表達也更清晰。把觀點聊透後，我們繼續和諧地看節目。

這種情況實屬罕見，因為按照日常，我倆意見不合，定會從討論，到爭辯，再到冷戰。通常我倆說到一半就離題，他覺得我聲音大、著急了，我覺得就事論事，別拿態度說事；他覺得我情緒不好不想討論，我又非想證明自己的觀點，經常吵到不歡而散。

而那天因爲父母睡了，我心有顧忌，調小音量，反而更能清晰地表達觀點、更耐心地聽他說話。我們得出分歧的根本點，是罕見而美好的良性討論。

我平時不愛跟人爭辯，唯獨和我老公，意見不合是常事。觀點碰撞是好事，但爭強好勝的我，一旦激動起來，就不自覺地越講聲音越大，給雙方都帶來壓迫感。其實，討論的話題沒有正確答案，溝通只是爲了增進彼此共識，更何況有理不在聲高。

我認爲「聊得來」是婚姻的保鮮劑，可每次聊天，音量都越來越高，久而久之，「聊天＝吵架」的概念透過一次又一次的強化後，我們就會變得懶得聊。

我的原生家庭有個壞習慣，一言不合就大聲嚷嚷。

我爸承認自己脾氣急躁，聽不進別人的意見；我媽承認身爲老師的她，看到自己講話對方沒在聽，就會習慣性地高聲強調；我跟親密的人討論事情時，總想說服別人，聲音越說越大卻不自知。

「意見不合也不要大聲說話」，成爲改善家風的突破口。

我透過觀察身邊的一些家庭發現，能否控制聊天時的音量，會有截然不同的家庭氛圍。

以前我很愛去叔叔嬸嬸家，他們讓我對婚姻生活充滿了期待。我嬸嬸語速很慢，聲音很小，大多時候你得湊近一點才能聽清她說的話，她說話常以「哦」結束。雖然她大我五、六歲，可言談舉止之間卻透著年輕可愛。在她身上我發現，女人減齡未必全靠瀏海和衣著，說話方式也很重要。

不知是互相感染，還是習慣使然，感覺他們一家人都能面帶微笑地聊天。對電視新聞或家庭事務，即使有不同見解，他們也會從對方的觀點先提煉出共識，再表達出自己的不同意見，連反對意見都像是在補充資訊。

同事出月子後，我去探望她。那時她公婆來幫忙照顧孩子，一進她家門，就感受到一股焦躁感：電視聲音開得很大，大人說話大聲，小孩哭鬧大聲，一聲更比一聲高。

她婆婆關起玻璃門在廚房炒菜，同事想起我不吃香菜，便走到玻璃門外告訴婆婆別放香菜，她婆婆聽不清，兩人就隔著玻璃門大聲吼叫。我心想，我寧願吃香菜，也不願聽你們吼來吼去。在她家待了兩個小時，我就覺得心跳加快、喉嚨癢、腦仁疼。

大S在她的書中寫道：「要給嬰兒一個安靜的生活環境。我會提醒老公不要大聲講話，不要大吼大叫，也會跟家人說不要在嬰兒旁邊一直碎碎念。如果有什麼事情，簡單地說就好，不用吵鬧，這樣嬰兒的個性就不會毛毛躁躁的。」毛躁會拉低專注力，容易心浮氣躁、衝動。

其實，在家庭中，說話音量降低幾個度，幸福感能提升好幾倍。大聲嚷嚷只會把對方推得更遠，小聲說話才能拉近彼此的感情。

就像男女吵架的經典套路，男方說話提高音量後，女方拿「你居然吼我」說事，剛剛討論的事情已經變得不再重要，態度問題反而會成爲吵架的主要原因。

很多時候，誰先提高說話音量，誰就相當於先挑起了爭端。

一次外出旅遊，在餐廳吃飯時，遇到一大家子人，小孩拉著媽媽的衣袖大聲說要點菜；媽媽不滿地對身邊玩手機的老公高聲埋怨；小孩把飲料弄灑了，老人把孩子拉到一旁，嚷嚷著叫服務生來收拾。

我忽然想起香港文化人梁文道在《常識》一書中的自問自答：「是什麼讓香港人在十年後，在餐桌前將說話的音量降低了下來？答案是富有，是文明，是人均接受教育的程度越來越高，是修養。」

我越來越覺得，**大聲說話不是豪爽，而是對他人感受的漠視**。很多時候，一個人說話的音量，透露著他的修養。

那些能控制說話音量的人，更能掌控全局。電影《穿著Prada的惡魔》裡，出場前就能讓所有人聞風喪膽的米蘭達，無論助理辦事不力，還是工作出錯，她說話聲音都很小。她也從不氣急敗壞地罵人。她發言時，不急不躁，心平氣和，讓全場靜下來、節奏慢下來。**說話音量大也是種能量的消耗，與其把能量用在說話音量上，不如用在正事上。**

由於寫作的關係，我對文字比較敏感，自己或別人說過的話，閒暇時便會拿出來反芻，看看有沒有更好的表達方式。

後來看到麥拉賓法則：「在我們與他人的溝通中，談話內容的作用只占百分之七，聲音語調占百分之三十八，而肢體語言的作用占了百分之五十五。」原來我最重視的內容，作用占比最小。

想想也是，提高的聲調、諷刺的語氣就可以輕鬆消除所有正面的內容，更別提動作和表情了。

我觀察過自己在說話聲音逐漸提高的過程中，經常伴隨著怒目圓睁、面紅耳赤、手勢誇張，而這也是我逐漸忘掉「更好的表達方式」的過程。

好多次我和老公吵架後，自我反省時，我才意識到激動起來不受控的說話音量就是導火線。說話音量越大，越容易突破理智的臨界點。

如果我不能愉悅地接納別人的不同意見，心平氣和地表達自己的想法，我可能會把更多事情搞砸，尤其是家庭關係。

我花了許多時間來研究說話的內容，結果大多數時候都輸在了說話音量上。其荒謬程度不亞於電影《東成西就》裡，閉關修練成絕世神功的武林高手，一出山就被別人亂扔的靴子砸死了。

與其學習如何好好說話，不如先學著控制說話音量，讓說話音量、內容、語速、表情和動作都往好的方向發展，家人情感和人際關係也同樣能朝順暢的方向發展。

父母身體健康時，我們才能隨性而活

按照計畫，週末爸媽應該會從老家過來同我們小住一段時間。可惜，生活從來不按常理出牌。

我準備給他倆訂票時，他倆卻支支吾吾說暫時來不了，因爲我媽卵巢裡發現了腫瘤，正在省會醫院做全面檢查。我聽完心涼腿軟，但他倆的輕鬆樂觀，讓我相信腫瘤是良性的。可我還是心神不寧，彷彿這些年攢起來的勇氣都消失了。

當初，我畢業後在一線城市打拚，忙到春節都沒空回家。儘管後來每有年假就往家裡跑，但和父母一年兩次的相聚還是太少。

後來我漸漸意識到父母正在老去，便下定決心換了個二線沿海城市生活。先生因愛相隨，與我一同在沿海城市打拚，公婆也過來定居。我也一直想接退休的爸媽過來住，但考慮到之前一房一廳的房子太小住不下，就換了套大點的房子。正當生活快要過成想要的樣子時，我媽病了。她作息規律、性格開朗，還是粗糧愛好者、廣場舞一枝花……然而，這樣的生活方式卻沒能讓她與腫瘤絕緣。

她說我是她的心頭肉，還說生我、養我讓她倍感快樂，但我從來不聽她的話。高中選文理組、大學填報志願、畢業選職業，沒有一次順著她的心意。於是那段時間我一直在想：如果當初我聽她的話，在省會城市做份穩定工作，多點時間陪她聊天、買菜、散步，結果會不會不同？

以前覺得自己還算孝順。別人啃老的時候，我在給爸媽寄錢；吃飯的時候，我會和爸媽視頻聊天；平時，我會爲他們買醫生推薦的保健品。儘管如此，我欠他們一個陪伴。我大概「孝」了，卻沒有「順」。

好友紛紛安慰我別胡思亂想，還有人同我分享自己父母生病時的遭遇，其中就有我的直屬主管。他說他三十歲時，母親得了多發性骨髓瘤，岳母患上直腸癌，他老婆是消化道科的醫生，也治不了自己母親的病。還有一個是我的前同事，她懷著身孕陪她媽媽去上海做心臟手術，那時她知道自己有孕在身不能過於擔心，卻又因看著媽媽被推進手術室生死未卜，而本能地恐慌。

我不知道他們帶著內傷扛了多久。大概只有在父母身體健康的時候，我們才可以隨性而活吧。

我爸媽一直不曾透露媽媽的腫瘤是良性還是惡性，這令我坐立難安。手足無措的我既想放棄現在的生活，回老家工作陪他們；又想把他們接過來，接受更好的治療。但我最希望的還是她能夠平安無事。

後來我媽告訴我：「腫瘤不管是良性還是惡性，都要手術切除。」當我在電話裡聽她說有腹水時，我就開始哽咽了。我媽哭著說我一點都不經事，還說：「人長大了，就要懂得面對。」我再也憋不住，跑到走廊去哭，心裡吶喊：「我不想經事、不想面對，只要您平安健康。」掛完電話後，我爸給我打來電話說：「你媽做了很久的心理準備，你一哭全給打亂了。」我爸叫我務必調整好情緒，等手術完成後再回家。

聽說手術做了很久，全子宮和左附件被摘除後，腹水處理了四個小時，病理報告要一週後才出。然而，檢測結果顯示是卵巢惡性腫瘤，我希望她平安無事的幻想破滅了！

我爸告訴我，其實他們早就發現了那顆腫瘤，還去了好幾家醫院諮詢檢查，後來決定去省會醫院做手術。腹水是個壞徵兆，他們也做好了化療、放療的準備。爸媽一直怕我擔心，才對我隱瞞眞實病情。而不經事的我不僅沒起半點作用，反而還讓生病的媽媽安慰我：「我哼著小曲兒，你爸喝點兒小酒，醫院裡面很多病人都精氣神十足。我有些朋友得了這病，後來也都治好了，生活得幸福著呢。」

父母的坦然讓我瞬間成長。我不能再哭哭啼啼、怨天尤人，要留著全部力氣，去做有建設性的事。我把她的影像報告拿給有醫學背景的朋友看，他們說我媽的情況相對樂觀，但還需要進一步觀察細胞的分化情況，才能確定治療方案。

後來，我媽術後恢復得不錯，我也請了假，飛回到他倆身邊。

事後，我幡然醒悟：遇到事情自我洗腦沒用，軟弱逃避沒用，失眠痛哭沒用，假裝樂觀更沒用。父母生病，每個人都會經歷「懷疑—痛苦—自欺—振作」的心理轉變，但我覺得振作之前的懷疑、痛苦、自欺，被壓縮得越短越好。你若不及時勇敢，誰替你爸媽堅強？

我一直說不出口的那兩個字——癌症，既然已經劈頭蓋臉地到來，那麼作為家屬的我，也應該有作爲家屬的自我修養。

1. 我要樂觀堅強

要讓我媽樂觀，我必須先樂觀起來；要勸我媽堅強，我必須先堅強起來。

癌症不是絕症，二〇〇六年世界衛生組織把它定義爲可控的慢性病，二〇一一年又進一步提出：「百分之四十的癌症可預防，百分之四十的癌症可治癒，百分之二十的癌症患者可長期帶癌生存。」

既然癌症是慢性病，短期內不會致命，那我們就還有爭取生機的時間。雖然母親的病情還不知道具體屬於哪期，但癌症一期到四期的劃分方法只是個籠統的概括，存活期也只是統計學意義上的一個說辭，早期有人嚇死，晚期也有人康復。

我只有一個媽媽，統計學對我沒有意義。

2.我要自學成才

我去圖書館扛了七、八本書回家，包括病學研究、藥物作用機制、飲食調理、專家訪談、抗癌實錄等。俗話說「久病成良醫」，我卻不能坐等久病成良醫，我要主動學習。

家屬的行爲，也會影響病人的病情。我覺得，能聽懂更多專業術語，看懂更多病理報告，知道各種檢測手段和治療方案的針對性及優劣性，才能少走彎路。不是不信任，而是現代醫療已經逐漸向「醫病共享決策」的模式發展了。

在我看書做功課的過程中，我看到有人把病人的病歷按時間順序整理成冊，方便醫生了解病情；還有人拿著尺子測量影像材料，避免醫生繁忙中疏漏。我極為敬重這樣負責的家人。

那些日子，我遠離搜尋引擎上碎片化的知識，以及廣告推銷裡的導向性內容，而是認真系統地去研讀相關書籍。我從上海科技、人民衛生等出版社的相關書籍中，學到了不少理論知識。不知不覺中，我已經做了小半本筆記。後來，再看母親檢測結果上的醫用術語時，明顯比之前熟悉了許多。我還找出母親生活、飲食上的壞習慣，並有技巧地傳達給她。

3. 我要精神飽滿

前段時間，我睡眠品質極差，兩、三點就醒了，然後就委屈地哭。也許只有失眠的人才懂一睜眼天還沒亮的痛苦。

那時的我像是一間二十四小時生產心慌、暴躁、恐懼等負面情緒的小作坊，我必須揮刀斬斷這些只會拖後腿的壞情緒。

環顧周圍，大家都在幫忙。公婆對先生說平時攢下的錢就是應急用的，放心拿去給我媽治病；省會親戚還讓出自己的房子去兒女家住，把鑰匙交給了我爸；堂妹陪著我媽做完手術，三奶奶去廟裡求籤……

這是一場慢性病，我們都得拿出打持久戰的毅力。

我得備足精力，好好睡覺，好好吃飯。越是世事艱難，越要精神飽滿。與癌症抗爭，不只有輸液、吃藥的治療手段，飲食、情緒、心理的調節，也是綜合治療中重要的一部分。

我還得備足資金。生病一定得花錢，我打聽了異地醫保的自費比率，諮詢了我媽投保的商業保險的理賠程序；出版公司打算預付版稅給我；好友和同事讓我有難處儘管開口……

接下來的時間，我知道我可能會因爲我媽病情的反覆，心情隨之起落，但低落的時候，我會遠離消極情緒，聽點搖滾，保持昂揚的鬥志。

我蓄勢待發，希望自己所做的一切能爲母親帶來幸運和力量。

這幾天，我腦子裡常回響著一句自媒體人王小山說過的話：「在日本，最讓我感動的一句話，是一個快五十歲的婦女，她指著遠方對我們說：『海嘯雖然來過，但櫻花還是開了。』我很想把這句話記一輩子，無論遇到什麼事情，都拿出來讀讀。」

我也期待「海嘯雖然來過，但櫻花還是開了」的日子。

美好的婚姻，就是一次又一次愛上對方

現代社會中，婚姻已經被奚落得不成樣子，這讓很多恐婚族聞「婚」喪膽，諸如：「不結婚你不過就是一條單身狗，結婚就是要了你的狗命。」「確定不結婚以後，看著那些被婆媳矛盾、家務分擔、孩子教育問題纏身的人，就有一種暴雨天坐在窗邊，看街上躲雨的人驚慌亂跑的感覺。」

單身好還是結婚好，得具體情況具體分析。我曾寫過一串幸福感不等式，甜蜜的婚姻>有趣的單身>無趣的單身>互毀的婚姻，好的婚姻在幸福鏈的頂端，而差的婚姻則位於幸福鏈的末位。所以，我想和決定要結婚或已經結了婚的人說：「既然要結婚，那就奔著甜蜜去吧。」

在婚姻中，長久的愛情何其難得。如何避免審美疲勞？復旦大學的陳果老師如此回答：激情永不消退的祕訣就是，一次又一次地愛上同一個人。

聽上去有點不可思議，但如何做到這一點呢？

透過以下三點嘗試和改變，確實提高了我對婚姻的滿意度。我迫不及待地想要和大家分享。

1. 確立一個誰先哄誰的機制，避免吵沒必要的架

《奇葩說》裡有個辯題：伴侶吵架，誰錯誰道歉，還是男方先道歉？不要放過這個辯題，你和伴侶最好趁此機會商量出一個道歉原則。

伴侶間吵架在所難免，但吵架的意義，是爲了讓對方感受到愛意或歉意。我和老公吵架，就達不到這個效果。翻舊帳，放狠話，戳痛處，氣話被信以爲眞。沒有一滴水認爲是自己引發了洪水，沒有一場架認爲是自己侵蝕了婚姻。有些問題我們覺得是對方的錯，所以吵架也在所難免；但有些問題，是別人或外界的問題，爲這種事吵架就不値得。

針對後者，我倆達成共識：哄能解決的事情，盡量不要吵。以預防爲主，即在借題發揮或直接開吵之前，確立一個誰先哄誰的機制。

我倆設定的機制是，誰情緒不好時，就先找出讓他（她）情緒不好的原因，然後在此領域裡付出少的人，負責哄付出多的人。

來看看這個機制的實際應用。比如老公發現我在生悶氣，如果我說是公衆號方面的事

情，他的付出不及我，所以他要哄我；比如我看到老公心情不好，如果是因爲開車的事而不開心，我不認路、不懂車、沒駕照，他的付出遠勝於我，所以我得安慰他。

這招屢試不爽。哄人就是用甜言蜜語猛誇對方，聽到的人心情立馬會好一大截。情緒差的那個人，也會覺得就算事情不順利，但起碼有個知心人。

2.想著對方的缺點時，也要想著對方的優點

剛結婚不久，我就差點被老公的潔癖逼瘋。我擦桌子，他說每個區域擦桌子的抹布都不同，叫我不要弄混；我吃麵包，他說麵包屑會掉得到處都是，叫我最好到廚房水槽那裡去吃，或者拿盤子接一下。我不習慣，說吃完自己打掃，他便說我打掃不乾淨，他還得再打掃一遍。

他覺得我打掃不乾淨，於是把家務活全包了。那段時間我很拘謹，生怕他說我把他弄乾淨的房間又弄髒、弄亂了。

我跟女同事抱怨，女同事卻說像這樣愛乾淨、愛做家務的老公簡直是她夢寐以求的。她老公不僅不幫她做家務，還會給她製造更多的家務。

那時我才意識到，**總盯著對方的缺點，就像是拎著垃圾袋一樣，騰不出手來接禮物，對**

雙方的感情有害無益。

我對自己說：「如果我不想婚姻破罐子破摔，那麼當我想到老公一個缺點時，就要想這個缺點有沒有對應的優點；就算沒有，也要想一個其他方面的優點。」

現在我開始寫感恩日記，每晚回憶並記下三個當天最值得感謝的人、事、物。老公爲我做的，占據了日記的半壁江山。久而久之，我覺察到自己看他的眼神，竟有了幾分熱戀時的崇拜。

對一個人太失望，會讓自己逐漸失去探索對方的好奇心。多發掘對方的優點，多記錄對方的美好，做到像陳果說的「一次又一次地愛上同一個人」的機率才會提高一些。

3.用心營造婚姻裡的儀式感

心理學有個「快樂適應現象」的概念，就是當好事發生時，快樂指數會飆升，但持續一段時間後，又會回到原來的水準。也有心理學家提出「快樂適應預防模式」，其中的一個關鍵點是「變異」。

這也適用於婚姻，當我們定期爲婚姻注入一些儀式感，便能有效延長快樂的時間。

舉兩個我覺得很甜蜜的儀式感的例子。

有位博主說，她和先生會在家裡各個角落藏很多小紙條，如果發現了對方放的紙條，就一定要完成紙條上寫的事情，類似「看到紙條就來親我一口吧」，博主感慨這樣的日子特別有意思。

《奇葩說》辯手陳銘曾在節目上晒自己收到的生日禮物：他老婆找到他出生那天的《光明日報》，把報頭上的「光」字用《武漢晨報》的「晨」字糊上，報頭就變成了「晨明日報」，取了「陳銘」的諧音，然後又把頭版的所有大號標題全部替換成了與陳銘出生有關的內容，用誇張的形容詞來描述陳銘出生的意義，聽得所有觀眾都羨慕不已。

想要一次又一次地愛上同一個人，大多數時候，用心比花錢更浪漫。送個名牌物品會有拜金或炫富的嫌疑，但你花的心思、時間和創意，會讓你準備的禮物獨一無二、歷久彌新。

我能理解有些人在婚姻中過著過著就麻木了，一來因爲他們被現實中的麻煩事弄得焦頭爛額，二來他們覺得老夫老妻不用折騰那些沒用的事。但煩心事是處理不完的，不表達愛，愛就會慢慢淡。

生活就像闖關遊戲，每打完一關，就會解鎖更難的一關，永遠沒有盡頭。所以偶爾停下來，爲感情營造點儀式感和幸福感吧。

我覺得婚姻生活越來越好有三個小方法：避免不必要的爭吵、多想對方的優點、定期創造儀式感。不信你試試，誰試誰幸福。

有句話叫「四十歲就是新的二十歲」，同樣，婚姻也可以是新的戀愛，就看你如何對待了。

如何找到對的人？
戀愛看審美，結婚看習慣

有讀者問我：「爽姊，你在戀愛和婚姻裡，最看重哪一點？」

我回覆他：「談戀愛，我看重審美；談婚姻，我看重習慣。」

關於戀愛和婚姻，以前人們覺得人品最重要，現在人們覺得三觀最重要，雖然都沒錯，但我覺得這些說法都有些大而無當。

在我看來，戀愛和婚姻有著顯著的差異。相對而言，戀愛更浪漫，雙方更注重感受，審美合不合拍，關係著戀愛甜蜜度的上限；婚姻則更現實，雙方需要實打實地過日子，能不能接受彼此的習慣，是維繫婚姻關係的下限。

談戀愛就是談審美

有天我和老公看綜藝節目《恕我直言》，嘉賓李誕的話，聽得我倆頻頻點頭。他說：

「談戀愛就是在談審美，兩個人聊彼此過往的人生經歷。對電影、對音樂的觀點，就是在聊審美。談完了，兩個人覺得審美差不多，才會在一起，以後只要微調就可以了，你們兩個根本上互相認可，一切都很簡單。」

我時常想，緣分眞是妙不可言。我生於西部，長在東部；他生在北方，長在南方。成長環境各異的兩個人，竟被緣分牽引到一起。後來我明白了，審美合拍就是最好的緣分。

我倆曾就職於同一家公司，我開始關注他，是因爲發現他午休時必看《六人行》。後來機緣巧合，我發現他喜歡的美劇、電影、小說、音樂、球星，基本上也是我非常喜歡的，「好巧，我也是」是我們對話的高頻用語。一個人起頭，另一個人就懂得對方要說什麼，兩個人爭先恐後地補充細節，頓覺相見恨晚。

記得最令我心動的那個晚上，我們聊著彼此最愛的搖滾樂，我提一個樂隊，他唱這個樂隊的歌。當我提到一首對我來說意義重大的冷門歌時，他也開口就唱，而當他說這首歌對他意義非凡時，我的心猛然顫動。

這些搖滾音樂，曾陪我度過許多孤獨的夜跑時光，曾讓我在幽暗迷茫中振作，於他，可能也一樣。兩個人的過往，透過音樂連繫在一起，讓我感覺他早就陪伴著我了。

我們順其自然地戀愛了。本來姊弟戀和異地戀都是戀愛中的超綱題，但我倆好像並沒什麼困擾，就像李誕說的「根本上互相認可，一切都很簡單」。

到現在，我都感謝審美的高度重合，為我倆減少了很多麻煩。有調查顯示，七成的戀人或夫妻會在裝修中吵翻天，我倆一句沒吵。他看上的家具，讓我覺得他很有品味；我說把臥室牆壁噴上紫色的矽藻泥，他立馬就明白我想要的是《六人行》裡莫妮卡家塗的那種顏色。我吃到好吃的食物，希望他嘗一嘗；他聽到有趣的觀點，也會跟我聊一聊。我們會對共同感興趣的東西會心一笑，但有時也會有看法各異的激烈討論。我們都覺得有點肌肉的身材最好看，晚上看電視時，他練健腹輪，我就舉啞鈴。

其實，一個人現在的審美，是以前所有喜好的沉澱。審美合拍的人，更容易聊下去，相處也會更舒服、更快樂。

談婚姻就是談習慣

廣大女同胞常說，要找個知冷知熱的結婚對象。但我覺得除了知冷知熱，習慣不好也不行。如果戀愛時，對方有讓你受不了的壞習慣，他不改，你無法釋懷，婚後你會覺得日子特別煎熬。

我的好朋友芊子，結婚半年就離婚了，問及原因，說是忍受不了前夫的壞習慣。前夫常叫朋友來家裡喝酒，醉了就蒙頭大睡。她工作又很忙，下班了還得替他收拾殘局。她感慨婚姻是女人最好的技校，短期內能讓你迅速熟練各種家務。

好說歹說她前夫都不改，生氣的芊子最終選擇了離婚。離婚後，她便奉勸眾姊妹，一定要嫁個讓你省心的人，不然以後再有一、兩個讓你崩潰的孩子，會把你徹底擊垮。

我觀察身邊女友人的男友或老公，在同等感情基礎上，只要男方習慣良好，基本都呈現出相處融洽的局面。

決定結婚前，最好摸清對方的生活習慣，賭博、家暴紅牌罰下；不做家務、沉溺遊戲可以黃牌警告。如果不喜歡對方的習慣，能不能進一步發展，完全取決於兩個人的相愛程度。

我認識的一個男同事，女方受不了他用浴室水槽洗腳的習慣，他受不了女方刻薄地指責他家教不好。女方受不了男方的衛生習慣，男方受不了女方的說話方式，最後兩人分手了。

結過婚的人都知道，婚姻要落實到衣食住行、柴米油鹽。這不是演練，婚前不要只顧脫離實際地談浪漫，慣著對方的壞習慣，最終婚姻「被當掉」。

結婚需要清醒，盤點一下對方的壞習慣，哪些屬於超出原則的，哪些屬於眼不見心不煩的，哪些又屬於能包容的。雙方習慣融合度越高，婚後的日子也就越幸福。

婚前該動腦子的時候千萬別動感情，一定要理性。

談戀愛就是談審美，談婚姻就是談習慣，這是我的看法。

戀愛和婚姻，每個人看重的地方都有所不同。有些年輕人舉重若輕，覺得找個使用空調的度數合得來的就行；有些長輩會比較看重物質。

我覺得玩笑歸玩笑，習俗歸習俗，但我們終將明白，戀愛是自己談，婚是自己結，舒不舒服、幸不幸福，只有自己知道。

審美合拍讓人動心，習慣合拍讓人舒心。

談一場以審美為核心的戀愛，結一場以習慣為重點的婚姻。

回家前調整好心情，是婚姻裡最基本的自律

我一直在回味我與女同事某次閒聊的內容。

有天她下班回家，從樓下取了四、五個快遞，美滋滋地上了電梯。可在電梯上行期間，她很擔心，想著等會兒推開家門，她老公見她買那麼多東西，估計會有「亂買東西」「買了不用」「家裡沒地方放了」之類的抱怨，她越想心情越糟。

等她到家，正在做飯的老公轉身跟她熱情打招呼，一看那麼多快遞，就過來幫她逐一卸下。她老公只是說了一句「呵，買了這麼多呀」，女同事條件反射地覺得老公果然在責怪她。她防禦性地回話：「你以爲我都是給自己買的嗎？也給你買了穿的、吃的。」「我也沒有亂花錢，都是剛需，只是趁便宜才買的。」她說著說著，心底泛起委屈，接著「以小見大」地跟老公大吵了一通。

次日女同事自省，老公只是陳述了一句事實，而自己在下班到家前，心裡就認定會被老公責怪而充滿怨氣。

她說在工作、健身方面都對自己嚴格要求，然而面對自己最親近的人，卻任由脾氣「易燃易爆」。以後下班回家之前，要盡量調整好自己的心情，她認爲這是婚姻裡最基本的自律。

一次，我聽一位女性朋友抱怨她的另一半：男方回到家裡，不是玩手機，就是打遊戲，跟他說話他假裝聽不見，也不幫著做家務。還有一次，我去二舅家吃飯，快開飯了二舅媽才下班到家，一進門就板著臉，一會兒說二舅鞋子沒放好，一會兒說菜裡面薑末切得太碎。

這兩次經歷，都能讓我身臨其境地感受到女友人抱怨時的怒氣，也能察覺到二舅當時壓抑的心理。

如果兩個人回到家，仍然活在上班的延長線上，一點小事就吵架冷戰，那簡直比上班還累，想想都覺得悲慘。長此以往，量變引起質變，婚姻品質必然受損。

提到自律，我們通常會想到學習提升、飲食運動、作息安排等，但其實愛也需要自律。自律和不自律的人，會擁有截然不同的婚姻。

在我看來，**婚姻裡最基本的自律，大到不出軌、不背叛，小到每天下班回家前克服婚姻**

的倦怠感和一天的疲乏，主動調整好心情和狀態。作爲職場人，工作中有時業績不理想，有時吃了啞巴虧，下班回到家可能什麼都不想說、什麼都不想做。而那些在婚姻裡有自律心的人，不會將最差的情緒留給最愛的人，他們會在回家路上盡量消化掉負面情緒。把一天的消極情緒全部關在門外，帶著熱情和歡樂回家，好奇對方今天過得怎樣，分享自己這一天的見聞。

前段時間我看了叔叔的朋友圈，他分享了一則「爲什麼有些人開車回家後不直接回家，而是要在車上坐一坐」的連結，並在轉發中說：「也有不少人快到家時，腳步都是加快的。」

我想起剛畢業在深圳求職期間，在叔叔嬸嬸家小住的那段時間。據我近距離觀察，我發現他倆高品質的婚姻，離不開他們回家後都會熱情迎接對方這件事。

兩人中後回家的人一進家門，先回家的人便會親自到門口把包包接過來，擦個汗、倒杯水，讓人很有歸屬感；後進門的人稍事休整，就會到廚房幫忙，兩個人一邊做著家務，一邊談談公司發生的事情。我在旁邊偷聽了很久，他們談論的內容好的遠多於壞的。

那段時間嬸嬸剛懷孕，做飯時她在旁邊念著食譜上的做法和食材用量，叔叔則穿著圍裙在灶臺旁炒菜；等到吃飯時，嬸嬸誇叔叔做得好，叔叔誇嬸嬸念得好。平淡日子裡，他倆也會為對方製造小驚喜，叔叔偶爾會拿回來一、兩枝花送給嬸嬸，嬸嬸有時餓了、饞了會到樓下便利店買點魚蛋，回家後也給叔叔嘗一嘗。如果一方沒有調整好心情，也會提前明確告知。有天嬸嬸回家後情緒特別差，她對我倆說自己很想跟我們聊，但她很累，想先躺一會兒，讓我們等到飯做好了再叫她。

現在回想起來，真是佩服叔叔嬸嬸。那時他倆工作壓力大，七、八點鐘回家都算早的，但每天他倆回家，都堅持做齊「貼心迎接、熱情分享、互相誇讚、製造驚喜、提前申明」等親密舉動。這裡面有恩愛的因素，更有自律的成分。

我結婚以後，好幾次把工作上的情緒帶回了家。剛開始還隱忍不發，找到機會後便借題發揮，在突破了先生忍我、哄我的極限後，兩個人便吵到天昏地暗，直接影響了第二天的工作狀態。

去年結婚紀念日，我倆約好去外面吃飯，但那天我工作上諸事不順，身體也不太舒服，心情暴躁煩悶。以我對自己的了解，已經預料到吃飯時很有可能會生氣。但我不想在這樣特別的日子裡生氣，於是在赴約的路上，先是聽笑話，壞情緒很快被笑聲替代了；之後，我又反覆聽他以前表白時唱的歌，腦子裡像放電影似地，閃過很多暖心的往事。

所有的糟心事彷彿都在漸漸淡去，等快到餐廳的時候，我體會到了木心所寫的「以小步快跑去迎接一個人的那種快樂」。

那個美好的結婚紀念日，讓我聯想到在同一種壞心情下，不同處理方式帶來的不同結果。

1. 放任版

下班回家後如果理所當然地把壞情緒發洩給對方，很可能會迎來一場令人身心俱疲的爭吵或冷戰。覺得自己爲了家人在努力工作，其實下班後什麼都沒做，回到家就舒服地做自己，任由情緒和壞脾氣牽引，就算對另一半說話語氣不好、態度敷衍、表情冷淡，另一半也應該對自己理解包容。

2. 調整版

利用下班回家路上的緩衝時間，有策略地調整好心情和狀態。在路上聽點輕鬆的相聲、音樂，從工作狀態切換成生活狀態；回到家和另一半好好聊天，心情不好也要表明自己很想分享，但需要一段時間自我調整，讓對方減少擔憂並心中有數。

經測試，以事先預防調控為主的「調整版」，比以事後收拾爛攤子為主的「放任版」要好上許多倍。

前段時間的一個週末，我更加體會到「家人最重要」這一道理。

電影《可可夜總會》裡，可可太婆的爸爸瀕臨煙消雲散時說：「真正的死亡，是世界上再沒有一個人記得你。」

書籍《綻放幸福花朵的小種子》裡，松浦彌太郎說：「家庭是最基本的人際關係，無論發生什麼事，我都把每晚七點全家人聚在一起吃飯的習慣視若珍寶。這比我的工作、愛好、社交都更重要。」

記住這些大道理，是因為我想過好這一生。

我一直認為，婚姻是家庭關係的核心，要做到婚姻裡最基本的自律，就應先從回家前調整好心情開始。

交友或擇偶，金錢觀不同就不必強融

幾個朋友計畫週末小聚，牽頭人問了一句：「要不要叫上劉姊？」氣氛突然尷尬起來，接著陸續有「別叫她吧」的聲音。

大家雖沒明說，潛臺詞卻是：不愛買單者，不受待見。

剛開始大家都爭先恐後地搶著買單，後來漸漸形成默契，中午飯我買，下午茶你付，電影票她出。但這個輪流的默契一到劉姊那兒，就消失了。

我有點納悶了，她在高新園區工作，薪水不低，願花幾萬辦美容卡，聚會卻從不買單。起初她還找理由巧妙地避開，後來直接理所當然地等別人付。

讓我印象最深的一次，是我們去看賀歲電影。我買完票後，劉姊說自己有點餓，提議先去買魚蛋。我們幾人以爲她會買單，因爲是她主動提議的，而且她離收銀臺最近，可我居然瞟見她給收銀員暗暗拋了個「那邊付錢」的眼神，我帶著錯愕的表情把單買了。不是我計較這一、二十塊錢，只是她身上那股自作聰明、愛占便宜、不願吃虧的「精明」勁兒，讓我無法理解。

女友人之前拒絕了某位對她有好感的相親男士，介紹人說男方可靠、顧家，家在本地也不需要買房，工作穩定也沒什麼壓力。

兩人第一次見面吃飯時，他展現出了務實節儉的好習慣，比如把紙巾撕成兩半一人用半張，飯後把沒吃完的菜打包帶走。

但後來女友人覺得男方過分節儉。聊起平時晚飯怎麼解決，男方說吃點剩菜剩飯，或者找家便宜館子應付一下；聊起假期去哪兒旅行，男方說寧願宅在家裡，也不出門花錢買罪受；聊起上映中好看的電影，男方說等保護期過了，再去網上找免費片源來看。

她聽完沒有再說自己會定期看話劇或聽音樂會，來犒賞自己的辛苦，只是好奇地問男方攢錢有什麼計畫。男方也說不上來，覺得既然不能開源，那就只能節流，再說將來花錢的地方還多著，萬一生大病或出什麼意外呢？

女友人認定與男方沒戲。

她想不通男方工作好而且沒負擔，爲什麼捨不得花點錢在物質和精神層面上？再說年紀輕輕的大好青年，憑什麼就認定生活不能開源只能節流？這樣的男人要麼是內心沒有憧憬和期待，安於現狀，得過且過，生活注定蒼白無趣；要麼是不夠愛自己，而連自己身心都照顧不好的人，也不大可能會好好愛別人；要麼是對將來沒信心，寧願爲明天生病或意外存錢，也不願健康快樂地過好當下。

在她看來，包含賺錢觀、消費觀和理財觀的金錢觀裡，濃縮著一個人的過往經歷、家庭影響、三觀形態、生活態度和未來發展。和金錢觀與自己完全不同的人相處，不是一般的累。

幾年前的家庭聚會上，新婚不久的堂姊告誡衆姊妹：結婚前，一定要找個跟自己金錢觀合拍的人。

我當時就很納悶，他倆那麼有錢，能有什麼矛盾？

堂姊說，姊夫平日裡摳門兒又嘮叨，堂姊買點貴的東西，姊夫都要說：「東西不值這個價，你看你又被騙了，廣告你還當眞啊？你們女人的錢眞好賺……」愛美的堂姊說，有次買了套很貴的護膚品，晚上擦臉時再次被姊夫念叨，她按捺不住生氣地說道：「我自己賺的錢，你管不著。」結果兩人吵翻天。以後她每次用那套護膚品時，總能想到姊夫的嘮叨。

婚戀中，太多爭執和冷戰都是由錢的問題折射或散射出來的。

我身邊有對小夫妻互指對方敗家，女方覺得男方買昂貴遊戲設備浪費錢，男方說女方買衣服不穿才是浪費；我見過夫妻過年給雙方父母包紅包，兩個人都孝心與私心同時大爆發，給自己父母就多包，給對方的爸媽就少包；我聽說阿姨怕她老公有錢就變壞，於是掌握了家裡的財政大權，每天只給叔叔很少的零用錢，還整天疑神疑鬼；我認識的一個未婚男打算在澳洲購置房產前，打聽各種相關政策，不想女友分享他的婚前財產，總怕女友圖他的錢。

談錢傷感情，都是因為錢讓人看到了對方的自私、猜忌、貪婪。最好在交友和擇偶時就擦亮眼睛，金錢觀不同，就不必強融。

美國財務顧問巴瑪夫婦寫的《幸福的婚姻要認眞談錢》一書中，把人劃分為五種金錢人格，分別是儉省者、揮金如土者、甘冒風險者、追求安全者和逐水草而居者，每種金錢人格都有利有弊。財務穩妥又安全的儉省者，可能會因為太過節省而錯過許多當下的快樂，顯得小氣；大方慷慨顯風采的揮金如土者，可能會月初衝動購物，月底就因「月光」而閉關「吃土」；放蕩不羈愛自由的甘冒風險者，則可能一夜暴富或傾家蕩產，讓人太沒有安全感；內心住著精算師的追求安全者，每次都直奔目標的消費，會錯失路上的風景；任性亂花錢的逐水草而居者，可能會因缺乏規畫而陷入被動，且不去承擔自己的責任。

能和金錢觀合拍的朋友或伴侶在一起就很舒服。那麼，如何篩選並磨合出合拍的金錢觀呢？

1.朋友層面的粗篩

有兩個「死項」：一種是不講信用，見錢眼開、見利忘義，甚至借了錢之後玩消失；另一種是雙重標準，認為自己賺錢辛苦，而別人的錢像是大風刮來的。

2.戀人層面的磨合

有兩點參考：一是相親的情況，盡量別找金錢觀迥異的。學會有技巧地談錢，別赤裸裸地問車、問房，也別異想天開地問中獎一千萬怎麼花，打聽對方捨得花錢的領域和尺度更有建設性。二是自由戀愛中，判斷兩人偏向哪種金錢人格，尊重對方的金錢觀，分析金錢觀不合的深層原因，弄清兩人是否合適，爭取做到「大方向有共識，細節可有出入」的金錢觀合拍。

3. 夫妻層面的溝通

有兩點建議：一是兩人共同提升賺錢能力，一起存錢和花錢，雙方有自由花錢的空間，互相尊重，求同存異，對雙方及其家人要一碗水端平；二是有高情商的溝通模式，收支有商量，不給對方貼摳門兒或敗家的標籤，談錢時注意語氣和說法，即使一人投資失敗，另一人也要克制情緒。

總之，好好篩選，好好磨合，好好溝通，金錢觀越合拍的人，相處起來越舒適。

第六章

不拿賺錢當回事的女人該醒醒了

當世界對你說「不」的時候，
你的選擇，就是你未來的人生。
這種選擇會在十年、二十年後帶給你完全不一樣的人生。

——和菜頭

不拿賺錢當回事的女人該醒醒了

有一天收到一條新聞推送，標題很揪心——二十三歲女孩爲救絕症妹妹，欲嫁人籌錢。十五歲的妹妹高中聯考前被確診爲急性淋巴性細胞白血病，二十三歲的姊姊辭職回家照顧。繳費單上的數字令人心驚肉跳，父母在外奔波籌錢，全家壓力越來越大。姊姊說想把自己嫁出去，用聘金救妹妹，母親當場就哭了。

我感慨，意外眞無常，親情眞讓人感動，但「誰出錢我就嫁給誰」的想法眞的太悲壯了。當我點開捐款頁面想盡點心意時，看到已經籌夠款了，欣慰之餘，更祝她妹妹早日康復。

近日兒時玩伴發了條朋友圈：「人到三十，最懂錢的重要性。」

我私聊問她發生了什麼事，她說她生了一對龍鳳胎。

我卻不知該不該恭喜，因爲她已經有個三歲的女兒了。上有四個退休的老人，下有三個幼小的孩子，雖說廉租房解決了大難題，但孩子的奶粉和尿片、老人的藥品和保健品，哪頭花起錢來都不是小數目。

她老公是家裡唯一的經濟來源。以前只有一個孩子時，她還能出去打工，現在又添兩娃，短期內她沒法上班，一家人只能過著經濟窘迫的日子。

在我認識的人裡，深圳的女同事D姊也生了龍鳳胎。D姊工作能力很強，經濟條件也很好，生了龍鳳胎之後，換了一套三房的學區宅。因爲兩個孩子只需一個學區宅，她覺得自己賺到了。

消息是好是壞，需要辯證來看。就像我曾看過的一檔求職節目，年輕女孩問主持人：「我在北京有份朝九晚五的工作，前不久一家香港上市公司的人力資源顧問給我發來一份面試通知，要我去香港面試，但成功率很低，我該去嗎？」

主持人的回答一針見血：「如果你有錢，只需要注意安全，就算沒成功，不過就兩張機票的事；如果成功了，則可能平步青雲。」接著話鋒一轉，「如果你沒錢，入不敷出，建議你謹慎，因爲去往香港面試的機票錢很可能是你兩個月的生活費。」

可見一**個消息是好是壞，有時候取決於消息接收者本身的經濟能力**。

沒有錢，好消息都能讓人惆悵；有錢，至少還能給壞消息做緩衝。

臉書營運長雪柔．桑德伯格在《擁抱B選項》一書中講到，與她相愛相伴十一年的靈魂伴侶大維，在健身房突然去世，令整個家驟然滑入悲痛的深淵。

其中一個細節令我印象深刻，桑德伯格的小兒子和小女兒問她：「爸爸去世後，我們是不是要從現在住的房子裡搬出去？」桑德伯格的答案是「不」。她說：「這是多麼幸運的一件事，我深深感謝我們的財務保障體系。」

失去父親對孩子來說已經是巨大的打擊，再失去習慣的生活環境更是雪上加霜。好在「行走的印鈔機」桑德伯格不懼怕任何帳單，這可謂不幸中的萬幸。她列出一個數據：全世界約有二．五八億女性失去了丈夫，其中超過一．一五億的女性生活在貧困之中。

對於收入不高的女性來說，除了失去摯愛的毀滅性打擊，喪偶之後往往連滿足基本生活需求的收入都沒有。

我的一個女友人，她老公需要外派兩年，去其他城市的一所大學進行全日制的學習，她辭去工作跟著老公去了外派工作地點。剛開始她找工作處處碰壁，後來覺得老公工資很高，在學校裡住宿舍、吃食堂，花銷小，便沒有繼續找工作。

她老公起初也很感激她的付出、心疼她的遭遇，覺得兩年後就可以回原先的城市，老婆不工作也完全養得起。但感恩和心疼隨著時間逐漸淡化，她老公也越來越看不慣她的伸手要錢和無所事事，有次還諷刺她「掙是不會掙，花倒挺會花」。女友人痛定思痛，當天就上網投簡歷找工作。

之前看過一部叫《淑女鳥》的電影，比起想衝破束縛、為自己取名「Bird」的女主角「淑女鳥」，我對她的媽媽印象更加深刻。

因為家庭經濟拮据，女兒想考紐約的大學，她甚至說出「你都不值那個州的學費」的刻薄話，把女兒氣得跳車；買東西總是錙銖必較，遇事馬上把它們折算成米麵開銷。每次女兒路過城區的大房子時，都會想像有錢人的生活。

淑女鳥的母親活得苦大仇深，拘謹又緊繃。如果能多賺點錢，她可能會有更輕鬆的生活，可以更從容地愛女兒。

「女人需要花錢的地方實在是太多了」，這句話經常出現在我的感慨中。在社會新聞裡，在熟人遭遇裡，在電影情節裡，在字裡行間……也在我的親身經歷裡。我舉三個小例子。

1.上街的時候

我自詡是個理性消費者，唇膏用完才會買新的；生活上的必需品則全部列在便利貼上，不衝動購物。

就算我如此理性消費，同樣會對很多東西一見鍾情，但看完標價後我就會決定，多賺點錢再來接它們回家。

2.理髮的時候

我常年選擇一家較貴的工作室理髮，環境潔淨，音樂很有品味，沒有尬聊，還有滿牆的書。

我很享受理髮時光，每次聽店主講起跑過的馬拉松、讀過的好書，就覺得很值，頭髮和頭腦都收穫了清爽。很多時候我甘願爲小確幸溢價消費。

3.生病的時候

尤其是家人生大病時，你會明白，醫院的牆壁比教堂聽到了更多的祈禱，醫院的走廊比彩券行呼喚更多的好運。

我在醫院的樓梯間，聽過不少人打電話向親朋好友借錢看病。最讓我百感交集的是，去年陪我媽化療，我媽一位病友的女兒說：「化療藥物有國產和進口之分，國產的療效不錯，有醫保承擔大頭；進口的藥物比國產的貴幾倍，且醫保報銷不了，但據說副作用小很多，對人體傷害更小，你看人家李開復化療都不掉頭髮。」

我媽像是知道我想讓她用進口藥物，便說知道我的心意，但面對這場持久戰，她已經下定決心用國產藥，讓我不必再勸。我心裡是知道的，如果我不差錢，她可以少受許多罪。那一刻，我賺錢的欲望達到了巔峰。

我看到很多熱門文章，標題基本都是「爲什麼女人要多賺點錢」。我就納悶了，這個問題還需要問嗎？後來我發現，身邊不把賺錢當回事的女人很多。

有上了年紀的母親勸女兒，找個有車有房的男人嫁了，比拚事業可靠得多；有結了婚就無心工作的少婦覺得，老公賺的錢足夠了，自己不必辛苦工作；有生了孩子就把工作當消遣的媽媽覺得，不管賺多賺少，有份工作就行了。

在我看來，自己賺的錢花起來最硬氣，不用仰人鼻息，看人臉色。因爲暫時有靠山就懈怠的行爲是短視的，把工作當消遣的人也賺不到錢。

那爲什麼女人要多賺點錢呢？

因爲多賺到的錢，可能是你與心儀的他門當戶對的籌碼，可能是你不必花式砍價而想買啥就買啥的自由，可能是你跟隨內心表達愛意和心意的底氣。

我不想宣揚金錢至上論，但我的經歷讓我覺得，女人賺錢很重要，經濟獨立是一切獨立的開始。眞心希望你能在上班時間盡力創造價值，下班時間努力提升自己，讓自己在賺錢的過程中，越來越能獨當一面，越來越有安全感。

女人要花錢的地方實在太多了，女人要賺錢的理由也實在太多了。

要讓自己賺錢的速度，跟上小確幸的速度，跟上難關刷新的速度，跟上父母老去的速度。

去賺錢吧，就像沒有後盾一樣。

想太多，最先拖垮的是自己

身邊發生的幾件小事讓我深深覺得：想太多會毀了一個人。

上班路上我聽著廣播節目。主持人說有個女孩覺得上班特別煎熬，因為以前常鼓勵她的女上司，最近對她不鹹不淡，面無表情。

她忐忑地從工作業績逐項檢查到職場禮儀，慢放回憶，思考自己到底是什麼地方讓上司失望了，擔心自己會不會被炒掉，甚至一度失眠，焦慮得快要崩潰。事後才得知女上司是打了瘦臉針，才變得面無表情，不禁心裡鬆了口氣。想太多差點毀了她的自信和健康。

我們說「想太多」時，通常不是指基於客觀存在的慎重思考，而是指主觀上的瞎想。瞎想＝浪費時間＋拖垮情緒＋思慮傷身＋患得患失＋關係失衡＋黑化別人＋鑽牛角尖……

其實這些瞎想的事，絕大多數都不會發生。做人如果瞎想太多，只會在方方面面消耗自己。

你的問題就在於，想太多而做太少

有個讀大三的男生發私訊問我，看著大四的學長學姊找工作很困難，非常緊張。他說他英語沒過六級，沒有一技之長，沒有方向，不知道自己將來想做什麼、能做什麼，覺得自己的未來十分迷茫。

我當年可比他嚴重得多，因爲焦慮而失眠了一個學期。

而我解決的方式，是去眞聽、眞看、眞感受。

當時我不想考研究所，雖然喜歡自己念的科系，但並不想以此爲職業。於是，我便立足於自身情況，選擇走合適自己的就業路。

那時我對外貿很感興趣，除了學好英語和考證書外，還專門跑去義烏實習。短短一、兩個月，我在面試實操、新人培訓、商務禮儀、外貿事務等方面都增長了許多見識。有了這些經驗基礎，我彷彿知道畢業後的第一步該怎麼走了。

你可能不知道未來要做什麼，但你現在必須得做點什麼。能找到方向固然很好，如果沒找到的話，至少也能讓你排除一些選項。

哈福．艾克的《有錢人想的和你不一樣》裡有個拿走廊打比方的說法，我覺得很妙：

「如果你眞想了解一個行業就去做，不必第一天就萬事俱備。先踏上走廊，很多機會之門敞開，在走廊上看著不同門進進出出的人和工作，你會發現一個適合自己的切入點。」

空想不會讓我們接近眞相，只會讓我們裹足不前，拖延我們去經歷、去感受的進度。其實當你眞正去面對、去經歷、去感受時，你會發現事情比你想像的輕鬆得多。

女人的身體裡，七成是胡思亂想

有次我和幾個女友人喝下午茶，談到異性有什麼優點是女人學了以後最受益的。其中一個朋友說：「男人不會像女人想太多。」這個回答贏得了全場最高讚。

相較於男性，我和身邊很多女性都有想太多的情況，尤其是涉及情感的問題時。

有次做紅娘，把一個女友人介紹給一位男同事。他倆第一次見面後，男同事只覺得「性格挺好，再相處看看」，而女友人跟我講了一大堆：男人的姓氏好不好取名、兩人的星座和年齡合不合拍、雙方老家婚俗習慣的差異、男人的性格對子女關係的影響，以及未來要不要和公婆住在一起……我就納悶了，才第一次見面，八字還沒一撇呢，她就已經把未來幾年的人生，都仔仔細細地想了一遍。

前幾天我安慰失戀的女性朋友，她承認自己想太多，讓感情變了味。

她喜歡去男友的社交帳號裡偵察，見有親密的同性留言就擔心男友出櫃，見有熱絡的異性留言又擔心男友劈腿。除了用想像推演，她還常出些情境題來測試男友的心意，甚至還考驗他的人性。男友帶她見家長，當男友媽媽問女友爸媽是否有養老保險時，她想考驗一下男友及其家人，本來有，偏說沒有，事後再指責男友沒擔當，男友責怪她不誠實，後來這事成爲他倆分手的導火線。

她單身時是個瀟灑又獨立的女孩，談戀愛後，天天猜忌、吃醋、偵察，然後是懷疑、爭吵、分手。

感情裡最忌瞎想和試探，與其想那些沒用的，不如努力建設自己。安全感這種奢侈品，你得自己爭取。

去做有建設性的事

因爲一件事，我更佩服我的寫作搭檔慶哥。她懷孕四個月時，去做3D超音波檢查，篩檢胎兒異常，醫生說小孩心臟不太好。她告訴我：「得知消息後，內心絕望無助極了。」她預約了羊膜穿刺，得排幾天的隊，檢查結果要熬一個月才知道。

那段時間她過得特別艱難，我很擔心她，於是每天想方設法地鼓勵她、安慰她，但事實證明我多慮了：第三天她就和她老公、婆婆分工張羅做湯包。

我總勸她別瞎想，瞎想太多只會讓自己越過越差，要做些轉移注意力的事情，去上班、寫文章。一個月後，她高興地告訴我檢查結果一切正常，幸好當時找事情做轉移了注意力，沒讓自己想太多。

很多時候，要學著給自己找點事做。晚上有心事睡不著，起來背背單字也好，或者做做家務；白天與其瞎想，不如整理整理碎片化資訊，或者出去運動，清空腦子裡的想法。

經常有女讀者問我怎麼避免玻璃心。從她們的描述來看，人越閒越愛想太多，永遠在一些無關緊要的事情上腦洞大開，自我戕害。

跟人打招呼，對方沒反應，你以爲得罪對方了，但他可能只是近視；你去同學寢室小坐，臨走前看到同學在擦你剛才坐過的椅子，可能只是因爲你的同學有潔癖。

在我看來，如果把瞎想換成有建設性的思考和行動，你就會覺得自己和世界都好多了。

我剛來大連工作時，生活節奏和工作強度都有所降低，一度無聊到翻看先生手機的地步。後來開始寫文章，花大把時間來雕琢詞句和文章結構，日子變得有趣多了。

瞎想，是一種很厲害的溶劑，它能溶解你的容顏、健康、事業、愛情和心情。把時間花在該做的事情上面吧，別每天矯情地想七想八，爲了雞毛蒜皮的小事而玻璃心。要知道，留給我們努力的時間是有限的啊。

你的被動，正在淘汰你

在音頻節目《好好說話2》中，我聽到了一段引人深思的話。

馬東說他親自把關公司所有面試的最終環節。在面試時，他時常會問：「番茄炒蛋該怎麼做？」

如果換作是我，當場發懵，該如何作答呢？無厘頭的題目肯定蘊藏著玄機，我帶著幾種猜測繼續往下聽。

應聘者凡是支支吾吾回答不會做的，或是結結巴巴報流水帳的，都沒能過馬東這一關。

其中一個應屆小夥子是這樣回答的：「馬老師您這問題眞有意思，我猜您應該不會眞想考驗我的廚藝吧？我廚藝不行，但我對如何調出一杯好的雞尾酒倒是頗有心得，我和您說說？」而這就是打動馬東的滿分回答。

因爲小夥子看懂了馬東的提問訴求。公司當然不是眞的要招廚師，而是想考察對方的表達能力、思維邏輯和抗壓能力。

馬東很欣賞小夥子遇到奇葩題目後並未有一說一，而是多想了一步，反客爲主，化被動爲主動。小夥子的回答我反覆聽了好幾遍，越聽越妙。他先把馬東占據主動權的局面打破，再展開一段平等的互動對話，勾起馬東的好奇心，進而掌握了主動權。

電影《穿著Prada的惡魔》中也有類似的情節。剛畢業的小安去面試時尚女魔頭米蘭達的助理這一職位時，場面被動到難堪：她沒看過米蘭達公司出版的雜誌，直到面試當天才知道米蘭達這個品牌，她對時尚既沒有追求也沒有見解。

小安化被動爲主動，分爲兩步：一是介紹自己的長處，比如自己曾是《西北日報》的主編，獲得過全國大學記者競賽第一名，揭露了對工會的不法剝削。二是在面對米蘭達的不爲所動時，她說：「在你看來我不適合這裡，我不夠苗條漂亮、不懂時尚，但我很聰明，學得很快。」結果她爭取到了米蘭達助理的職位。

一開始小安完全不占優勢，但馬上意識到自己與米蘭達要招的人之間的差距，於是介紹自己的長處，突出自己的與衆不同，在被動的場面中，贏得了一些主動分。

一個在面試中化被動爲主動的人，在工作中更有可能化被動爲主動。小安的助理工作，從預訂晚餐到檢修車輛，從寄感謝信到跑腿工作，從連絡不能起飛的飛機到拿到未出版的書稿……這些工作，沒有很強的主動解決難題的能力，是撐不過兩天的。而一個員工能否化被動爲主動，是很多企業看重的素質。

幫我出過書的恩人崔老闆說：「以前招人時喜歡看起來老實、名堂不多的聽話女孩，但做管理的時間越長越覺得，管理這類人組成的團隊，如果自己什麼時候腦子短路或狀態不好，整個團隊就停止不轉了。現在用人，改換思路，喜歡在專業領域有見解，敢於表達且做事主動的人。」

吃過虧的老闆們已經開始調整招聘策略了。大概只有面試中能掌握主動權的人，才是日後工作中能主動解決問題的種子選手。

作家和菜頭在《你的喜歡很重要》中，講到一件事：他早年是航空公司的一名放行飛機的簽派員，有一天在爲早班機準備文件時，發現某架飛機沒有降落地機場的天氣報告，如果缺少這項報告，就不能放行飛機。他當時有其他準備工作要忙，於是就把這事交給了副班處理。

等他忙完，詢問進度時，副班安靜地說：「通訊錄上的電話都打不通，無法連繫到對方機場的氣象臺。」他壓著火氣問：「然後你做了什麼？」副班平靜地說：「等消息。」他壓不住火了：「飛機一會兒就要起飛了，你要等到什麼時候？」副班也很無奈：「我能有什麼辦法，你讓我找誰去？」

和菜頭冷靜地接過手，擺在他面前的問題變成：通訊錄上的電話打不通，那麼怎樣才能找到能打通的電話？

最後，他打到對方當地的查號臺，查到機場總機的電話號碼，輾轉連繫上氣象部門的人，拿到了天氣報告，最後航班也沒有延誤。

對於副班來說，被動遵照工作流程，避免承擔風險；而對於和菜頭來說，盡可能靈活主動，想辦法解決問題。正如和菜頭所說：「這種選擇會在十年、二十年後帶給你完全不一樣的人生。」

我覺得像副班這樣的人在職場中很常見，習慣於聽話，習慣於被動，當一個超出操作流程或主管指令的難題出現時，他們就理所當然地開啓被動模式。而爲了解決難題，主動思考、主動解決的人，更容易脫穎而出，不必再等一、二十年。

「不要習慣被動，要化被動爲主動」，是這些年盤踞在我心中的職場鐵律。

我見過許多因主動而得福的人，比如與我同齡的小丁，她的職場躍遷史就像盪鞦韆，每溫到最高點時又跳上一個更高的鞦韆。從起初的小公司跳到大巨頭，我好奇她是如何找到那麼好的機會的。

她告訴我，她在一次聚會上認識了一個在行業巨頭公司上班的朋友，於是斗膽問朋友有沒有內部推薦的機會，朋友覺得她挺適合，就向公司推薦了她。小丁的筆試和幾輪面試都發揮出色，她進入了夢寐以求的公司，介紹她進去的朋友也一併獲得了內部獎勵。一次公司有個主管職位空缺，採用的是內部競聘的方式。她覺得自己符合條件，就報名爭取了，在一眾主管面前，她大方陳述自己的理念和經驗，成了空缺職位的黑馬。

我也見過太多因被動而得禍的人。面試時像個乖學生一樣，什麼問題都不敢問，什麼要求都不敢提，等著人資主動提問；沒接到面試結果通知，不好意思詢問自己哪些環節沒做好，以便接下來針對性地改進；試用期乖乖等著轉正，不好意思主動去打聽公司提前轉正的標準；轉正以後，面對任何超綱的工作難題，要麼去求別人，要麼消極等待，很少主動解決；工作一段時間後，有適合的職位，明明想爭取，卻不主動表明自己和職位的契合點……

越習慣被動，在職場上越缺乏存在感，進而游離在升職加薪外，使自己的想法也越來越黑暗：同事的薪水憑什麼比我高，那個職位肯定是內定的，公司的選拔機制有漏洞。被動等待的是他們，覺得不甘的也是他們。被動，使他們錯過了機會。

一個有追求的人，從不等著機會主動降臨、長官主動認可、薪資主動上漲。他們沒時間埋怨懷才不遇，沒時間感慨時運不濟，因爲他們深知，主動思考，主動解決，主動爭取，才是正道。而一直被動下去，不知道哪天就會被職場淘汰。

別讓未來的你，討厭現在貪戀穩定的自己

你貪戀的穩定根本不存在

微信改版了。

面對訂閱號文章打開路徑、閱讀方式的改變，很多自媒體從業者哭訴：「炒股賭球的借過一下，輪到我們上天臺了。」朋友圈裡很多作者和營運者都很沮喪，有的失去了寫文章的動力，有的推送後害怕會掉粉，有的則擔心品牌會漸漸弱化。

有個作者說的話最扎我心。她不怕微信改版，覺得拚內容未必會輸；她眞正焦慮的是，好日子過久了，忘了自己的流量全靠微信平臺，以爲只要微信不垮，就能繼續安逸地混日子，可微信稍微改變一下遊戲規則，就決定了一大批人的生死存亡，這讓人太沒有安全感了。

很多自媒體人離變化很近，平時又很喜歡抨擊穩定的人，但變化一旦來臨，誰心裡都會

有波瀾。就連我這個業餘寫作愛好者，都有種幻滅感。

想起二〇一四年開始寫作，不到半年就有幾家出版社來約稿，當時覺得自己需要沉澱一下。結果兩年不到就變天了，市面上勵志書日趨飽和，不少出版行業的朋友甚至離職改行。當時和策畫公司簽了五年的合同，合約期才剛過半，策畫公司就把重點轉向影視了。

不得不提起搭檔慶哥的痛處，前年年底書籍已策畫完畢，萬事俱備，只等年後下廠印刷。可年後一問，那家公司只保留漫畫業務，其他部門和業務全都砍掉。

這些都讓我一次次在眼淚中明白：變化總比計畫快，不要貪戀穩定。

你不主動改變，就會被動改變

六六的新書《只有歲月不我欺》裡，提到她在傳統媒體工作的姊姊。

二〇〇九年，她勸姊姊轉到影視文化行業，姊姊說：「我這個行當不錯，工作也駕輕就熟。」二〇一一年，她再勸姊姊到新媒體行業中來，姊姊還說：「我就不信了，我熬到退休總可以吧？也就不到十年光景，我沒必要把前半生的投入歸零。」二〇一四年，在文化產業爆發的浪潮下，很多影視、娛樂、手遊公司的股價都前景大好，而她姊姊所在的晚報，縮減版面，不停裁員，最後親身體驗了一把「人未老，業已遠」的感受。

很多時候，你追求的穩定，和你因此錯過的機會相比，根本無法相提並論。

六六說自己是個危機感極強、有生存恐懼的人。不存在「居安思危」，她天天都「危」，每天汗毛倒豎地捕捉著各種變化，並提前做好預警方案。她不相信穩定，覺得自己應該去學國際金融、投資併購、人力資源，這些對她未來工作會有幫助，如果有一天不從事寫作了，她還能做一名優秀的管理人才。本職工作之餘去搞寫作的人我見得多了，但專職寫作之餘學管理的人還真不多見。

與其坐等狼狽地被動改變，不如從容地主動求變。

行業的優勝者更別求穩

和菜頭有句話我很認同：「走入家道中落的快速通道就是求穩。」

他多年前在航空公司做航班調度時，剛開始只有十幾架飛機，每天的航班計畫用兩張A4紙就能搞定，航班調整時，做個記號就行。

後來，民航迅速發展，飛機猛增到幾十、甚至上百架，手工調配日益困難。公司馬上購置了一套運行控制系統，不僅高效直觀，還能自動檢錯。

對於這套系統，年輕的員工參與設計且運用熟練。而老員工又罵又排斥，他們習慣了原先的穩定，害怕陌生模式，害怕從頭學起，害怕和年輕人站在同一條起跑線上，導致之前的領先變成落後，最後還得向年輕人求教。

和菜頭說：「人們拚盡全力創新，終於走到行業的前列，之後卻反而阻礙和反對創新，為自己未來的敗亡留下了伏筆。」

時代總是在淘汰落後者，就算你曾取得了一些領先優勢，也不要躺在穩定的泡沫裡，排斥革新，不再學習。別讓自己成為思維模式固化、死守著既得利益、跟不上時代發展的人。

打造離開穩定也活得好的能力

我以前認為穩定挺好。社會需要穩定的崗位，很多穩定的職業也很受人尊敬，穩定崗位裡也有很多敬業且踏實的人，不能一竿子打翻一船人。

直到有一天，我和一個品控專家聊天，她在當地一家生產罐頭的龍頭企業工作，業務精通。她說自己經常看各種戳穿穩定現狀的文章，我問她：「這些文章難道不會讓你浮躁和焦慮，甚至影響你的研究嗎？」

她說：「工作穩定的人，最怕心態也穩定。保持適度的危機感，能讓我更多地思考沉沒成本和先發優勢，綜合看來，利大於弊。」

我想起教科書上那張「微生物生長曲線圖」，越來越覺得，職場也可以用這張圖來解釋。如果你在平緩上升的「調整期」，只要符合大勢所趨，哪個方向都是上升；如果你在「對數期」，呈對數增長的局面，未必是自己的能力驅使；如果你在增速趨緩的「穩定期」，資源遞減，內耗遞增，那就是時候保持警惕了。

怎樣過「穩定期」，決定你是找到下一個「調整期」、喜迎接下來的「對數期」，還是直接被自己的求穩心態和混日子，拉到「衰亡期」的深淵。

在我看來，追求穩定與人性中根深柢固的安全感需求有關。但我時常提醒自己，千萬不能仰賴體制或機構來遮風擋雨，而抗拒變化、躲避變化。如果你也在「穩定期」，下面兩個方法論與你共勉。

1. 邊工作邊學習

審視自己的工作，好工作不在於它是否穩定，而在於它有沒有價值。選擇好職業後，主動把工作中的各項活動當成刻意練習。影印機旁很多印壞的紙可能是你很好的學習資源，公司電腦公共區的資料夾你可以看看；每次彙報工作，就當成練習演講和提高ＰＰＴ製作能力的舞臺；每份工作材料，都當成練習結構化思考和邏輯化寫作的機會。

2.終身學習

工作時，不要分配到什麼就只做什麼，要多想想爲什麼這麼做、怎麼做能做得更好。遇到新事物時，不要只做普通觀衆，應該去思考它的盈利模式和差異化流程。就算你獨占鰲頭，也別掉以輕心，不要排斥新思維和新技術，要敢於自我革命。

總之，別讓將來的你，對現在貪戀穩定的自己感到悔恨。

在花錢上分得清輕重緩急的人，能少奮鬥十年

兩年前，在墨爾本大學讀研究所的年輕女友人爲了能在七月份回國，提前請假、購置機票。我問這個敗家小妞如此折騰爲哪般，她說好不容易才爭取到全球青年大會名額有限的門票，所以七月份要專程去北京一趟。

我心裡迅速撥動著小算盤，她這次花銷，保守估計得接近兩萬人民幣。我對她的「破費」毫不意外，她歷來是一個爲了升級自己而出手大方的主。大學期間她就開始創業掙錢，一次她佩服許久的行業大咖在廣州有個分享講座，她二話不說拎包即走；去年她爲自己創業項目的活動預付了六千元的場地訂金，但後來創業活動與全球青年大會時間衝突，衝著現場能聽到蘋果公司、阿里巴巴、埃森哲、百度等國內外著名企業的高管來分享行業觀點和人生經驗，六千元打水漂就打吧；她的朋友圈裡，有她和舞蹈課、插花課師生的合影，有參加「無人車論壇」「面部表情網」等論壇的ＰＰＴ，她說她花這種錢基本不用過腦。

她說：「在二十歲出頭的日子裡，不對自己的頭腦投資，就是對未來投降。」錢花了可

以再賺，就算生活稍微節儉一點，她還是堅信視野的開闊、心智的成熟、人脈的累積、生活的體驗更加緊急重要。

我對這個「九五後」的小女生漸生敬意。她早就不需要家裡爲她提供經濟外援了，年紀輕輕就去接觸行業拔尖的大咖，洞察未來的趨勢。看著她身上閃耀著的新知，我眞切體悟到擴大視野的重要性。視野決定了你到底是不是時代的弄潮兒，我看好她這樣的女孩，對大腦進行一次次的「擴大再生產」，至少能少奮鬥十年。

有時候不得不感慨世界眞奇妙。她回國參加的全球青年大會的幕後大老闆，是我以前採訪過的又忙又美的「開掛者」張萌。我得知此事後，微信跟萌姊說我有個在國外留學的朋友，專程回國來參加她主辦的全球青年大會，萌姊聽後對她誇讚了一番。

萌姊有感而發，談起自己的消費觀。她有兩點原則驚到了我。

1. 花錢加速學習力

日常積累的速度趕不上自我期待時，就花錢加速自己的學習。萌姊幾年前花了十幾萬，報名參加了北大光華管理學院的一個歷史班。她說因爲自己是理工女，文史哲不扎實，不想讓教育體系割裂自己的知識結構，於是找了以北大史學老師爲主的全國歷史名家的課程，每個月上四整天課，高密度、高強度地預習、學習、複習。她說那段時間彷彿都能聽見自己的「骨節」野蠻生長的聲音。

去年她又花了近二十萬的學費，學習基金管理的最新理念。

2.制訂「以人為師」計畫

每年確立一個「以人爲師」計畫，把大咖的優點都學到自己身上。她給自己定下的小目標是：認識五十位各個領域的大咖，向他們請教。有次她在外地出差，得知季辛吉要來北京開會，可以約著一起吃飯，她馬上買了最近的機票回京赴約。

這年頭，千萬別惹一個一邊減少皮膚紋路、一邊增加大腦回路的女人，也別惹一個在看臉的時代還爭做最強大腦的女人，你根本就惹不起。

一個人的願望會深深影響他的消費觀。

畢業那年，我希望能在打拚的城市，有一本寫著自己名字的房產證，所以那時我的核心消費觀是：壓縮那些行爲必要但形式不必要的支出。比如：我知道健身是必要的，但去健身房的花銷可以省下來，換成去公園快走或拉伸也挺好；我知道學英語是必要的，但學英語有很多途徑可選；我知道獲取新知識是必要的，但我不必非要培訓或上課，自學也是能夠應付的。

幾年下來攢下十幾萬，發現一線城市的房價根本不是我所能承受的。於是我綜合發展前景、宜居指數、生活成本等因素，索性換了一個二線沿海城市買房，安居樂業。

在生活壓力被極大地稀釋後，我的消費觀也水到渠成地升級了。

馬克思說：「一切節省，都可以歸結爲時間的節省；一切經濟，最後都歸結爲時間經濟。」

我固定去理髮的工作室，就算每次結帳時發現又漲了許多，但我下次依然還樂意去。一是我享受那位理髮師帶給我的美好氛圍，他從來不推銷產品，而是抿一口紅酒，然後安靜專注地幫我理髮；二是我覺得被那位堅持跑馬拉松的理髮師剪過的頭髮，每根髮絲彷彿都沾上了一些積極生活的氣息。爲了與有人格魅力的人邂逅，就算多付點錢，我也甘之如飴，樂在其中。

當然，任何管道的內容都不一定完全正確，但我也沒覺得虧，畢竟引發好奇和觸發思辨，對我來說更加重要。

我沒去細算以前那種高性價比的消費讓我錯過或滯後了什麼，但我現在覺得：當我消費升級後，生產升級了，人生也升級了。只說消費升級就能讓人生升級的都是大忽悠，我一定要強調生產升級的重要性！

有次某個發展順利的年輕才女上臺演講，答疑環節中，臺下有個聽衆問她如何看待「消費決定論」，比如「你買了奢侈品＝自己是奢侈品」「你會花錢＝你會賺錢」……

才女果斷指出：「如果缺少中間的『產出』環節，等式就不成立。你買了奢侈品，產出了『奢侈品』，你才是眞正的『奢侈品』。」

你花錢見的世面、學的技能、悟出的智慧，這些產出才會變成你賺錢的能力。在花錢上分得清輕、重、緩、急，捨得爲未來付費，捨得爲成長掏錢的女人，已經少奮鬥十年了。

我能想到的成功，就是以自己喜歡的方式過一生

我至今都沒搞明白，「八二年的摩拜單車創始人胡瑋煒套現十五億」和「九一年的李叫獸公司和公衆號被百度花了上億元收購」這些現象，是如何推導出「你的同齡人，正在拋棄你」這一結論的。

我贊同每個人都應該終身學習，趁年輕多奮鬥，永保職場競爭力。但如果因爲沒有賺到數以億計的巨資，就會被時代和同齡人拋棄，著實聳人聽聞。

談及創業初衷，胡瑋煒曾在演講中說：「在大城市裡，我經常在交通尖峰期打不到車，那個時候我就特別希望有一輛自行車。」於是她開始做摩拜單車。別人覺得困難就慢慢放棄了，只有她堅持了下來。

李叫獸在實習時說：「我看到市面上的商業分析類文章，有人分析小米必『死』，又有人分析小米必火，這往往是根據一、兩個事件進行放大推斷，是不負責任的說法。」於是他

決定做一個公眾號，傳播有依據的商業知識。

他倆都是在生活中發現痛點，然後又覺得這事喜歡做、有意義、值得做，想讓別人的生活變得更便捷、更理智才去做的。

胡瑋煒和李叫獸創業的初衷都是服務他人，而不是拋棄他人。

再說，創業者都沒說要拋棄同齡人，怎麼反倒和我們差不多的同齡人，卻說要拋棄我們？

不賺大錢你就是廢柴，這樣的價值觀我不信

受夠了時下的一些說法：「我交的稅都比你的工資高」「同學年薪百萬『你再看看你』，『別人融資幾個億』你還那麼窮」……這些說法都在傳遞著單一粗暴的價值觀：衡量成功與幸福的標準是錢，沒有錢就沒有價值。

一個多元化的社會，怎麼會有如此單一的成功觀？我見過很多人，他們可能沒有億萬家財，可是他們值得尊敬。

網路綜藝節目《奇葩大會》中，拍了慰安婦公益紀錄片《二十二》的導演郭柯進場時，

導師和觀衆都起立鼓掌。他說要捐票房，又怕自己經不住誘惑，便在公開場合把話放出去，讓自己沒有退路，接受更多人的監督。

青山原是一名外交官，辭職後在坦尙尼亞當起了野生動物攝影師，拍攝野生動物紀錄片。他在《奇葩大會》現場呼籲反對動物貿易時，很多人都大受觸動。

我媽媽化療出院後，去雲南大理看醫生。那位七十多歲的李伯藩醫生，醫術高，醫品更高，不收掛號費，爲病人義診，他在當地是活菩薩般的存在。

我的朋友圈裡，有人去做志工，有人去做臨終關懷，有人從二〇一一年起就資助本地貧困兒童上學，也有人透過抄襲洗稿、亂接廣告賺了很多錢，而我並不覺得後者的價值比前者高。每個時代都會出現一些弄潮兒，他們不僅優秀，也占盡天時、地利、人和。我們可以見賢思齊，但要求「八〇後」都是胡瑋煒，「九〇後」都是李叫獸，不現實。

我同意高曉松的話，「人群總是常態分布」。相對而言，創業的少，打工的多；成功的少，失敗的多。比起「時代和同齡人在拋棄你」這種觀點，我覺得更值得宣揚的是「只要愛崗敬業就是好樣的」。

記得小時候，一位在公車上始終微笑、幫扶乘客的售票員李素麗能成爲全國楷模。現階段的我相信：未來的你會感謝現在努力的你；你要多賺點錢；別在最能拚的年紀選擇安逸……但我同樣尊重沒賺到多少錢，生活簡單充實卻肩負使命的人。

有句話說得挺好的：「我能想到的成功，就是以自己喜歡的方式過一生。」

單一的成功標準只會讓自己過度焦慮

臉書創始人祖克柏不到三十歲就身價百億；菏澤市的十四歲考生大學聯考六百九十九分，被中國科技大學「少年班」錄取……這麼一算，你還敢來人間一趟嗎？

名人的故事，是給那些有夢青年以啓發、力量，不是讓人妄自菲薄、自卑焦慮。

以前我採訪與我同齡的張萌時，覺得同樣是同齡人，爲什麼她既高又白，學歷高工作又好，大學就得了全國英語演講冠軍，跟隨國家領導人出國訪問？我在淘寶買東西時，她在和馬雲握手；我在看希拉蕊的傳記時，她在和希拉蕊合影拍照。同齡人之間的差距是不是太大了？

過了一分鐘我就想開了，她有她的刻苦與光芒，我也在自己的小日子裡發光發亮。有時候我也會擔心跟不上時代的步伐，但我認眞生活，認眞學習，認眞工作，認眞鍛鍊。

只要今天的我比昨天的我好了一點點，我就沒什麼好焦慮的了。連海明威都說，眞正的高貴應該是優於過去的自己。

單一的成功標準只會讓自己過度焦慮、心浮氣躁，對生活沒有半點改善。社會有自己的新陳代謝，規律之一是淘汰「落後產能」，然後把新的人力、物力、財力集中在對未來更有益的項目上。我們都該適時地抬頭看看，然後低頭想想自己的產能，以及自己與時代的契合度。

同齡人中比我優秀的人有很多，比我差的人也有很多，以夢爲馬、不負韶華就夠了。

在這世上，除了我自己，沒有人可以拋棄我。

你就是想得太多，有建設性的事做得太少

不要抱怨同一個問題三次以上

上週沒忍住，動了一次怒。好友又跟我抱怨部門同事幹得少還愛邀功，這事她跟我說過三、四遍了。第一次，我雖然也吐槽幹得少還邀功這種行為，但覺得職場大了，什麼人都有，做好自己的事就行；第二次，我建議她，要麼讓老闆了解實情，要麼勸同事改正，要麼自己無視；第三次，我直言，你盯著別人自然也會幹得少，說同事做的工作少，潛臺詞是自己做得多，也是邀功，和同事一樣。

上週，她又找到了新素材，描述同事有多討厭，我徹底煩了，對她說：「如果這事沒進展，你就別再跟我提了。」

好友怪我和她男友一樣，不懂安慰，沒有情感共鳴，只知道冷冰冰地提意見。我說我性子急，受不了別人不停地跟我抱怨同一個問題。

想起之前我開導嫂嫂，情眞意切地說了三個小時，春風般的安慰、諧星般的幽默、角色化的分析、易執行的建議，面面俱到，環環相扣。結果掛電話時，她說：「雖然日子還得照舊，但說出來好受多了。」

我一秒氣炸，敢情說了半天只是爲你舒緩心情，可我明明想解決問題。

面對失望，既不改變，也不接受。與其這樣在死胡同裡兜轉，不如去做些有建設性的事，改變自己的心態，改變雙方的關係。

做點修養身心的事、感興趣的事、擅長的事、有意義的事，或者能賺錢的事……你總得做點什麼。

做事有沒有建設性，會產生不同的生活樣貌

女伴以前每次與我見面，都會訴苦，講起她單位裡那些論資排輩、人言可畏的事。後來她主動爭取到出差學習的機會，去北京工作了半年。最近見面，她兩眼放光地講起新環境和新朋友，著重說總部同事很厲害。主管陪同外賓，七、八個小時下來，全程微笑，禮儀一流，沒有抓頭撥髮的動作，沒有齜牙咧嘴的表情；同事開會或交談，普通話標準，講話不帶

「嗯啊嘛」之類的語助詞，詞句簡潔準確，態度謙虛得體。與她接觸較多的同事裡，有人英語很溜，下班還去學習第二外語；有人辛苦健身，只為能穿上禮服參加晚宴。

她說這半年加班很累，但在更高層次的圈子裡，學習到牛人的言行舉止和思維方式，讓她迅速成長。等再回到基層工作後，因為見過系統宏觀架構，所以她更能理解基層工作的意義。

以前聽她吐槽，我恨不能撥快腦裡的時針；現在聽她講新生活的所見所聞所感，每一幀都捨不得錯過。

如果她沒有做有建設性的改變，不把死氣沉沉的生活按下暫停鍵，開啓「熱氣騰騰」的活法，我哪能看到如今眼裡有好奇、話裡有嚮往的她？

見的人越多，越受不了牢騷滿腹卻不去改變、覺得生活沒意思、工作沒激情的人。減肥喊了幾年，肥肉沒少一斤；羨慕別人膚白貌美，平時防晒都懶得做；體檢乳腺增生，又放任壞脾氣上頭。

林志玲墜馬受重傷後，醫生說她能恢復，她就不再喊疼、不再抱怨，留著所有精力恢復身體。

皮克斯的安德魯·史坦頓說：「如果你面前有兩座山頭，不知道該先攻打哪邊的話，那就盡快做出選擇，趕緊採取行動；一旦發現自己攻錯了山頭，那就趕快去攻另一座。在這種情況下，錯誤的行爲只有一種，那就是在兩山之間舉棋不定地跑來跑去。」

想得太多，優柔寡斷，是對自己的巨大損耗。越在這個時候，越要明確目標，趕緊止損，做出有建設性的改變。

成熟的人做選擇，不成熟的人做反應

精選幾條讀者疑問：

「快畢業了，就讀的科系不喜歡，不知道能找什麼樣的工作。」

「和男友分手，不知道以後能不能碰到比他更好的人。」

「以自己的情況和條件，不知道考研究所、就業、出國哪個合適。」

我圍繞著「去做有建設性的事」，給出細化方案。

不知就業方向，瞎想沒用，假期去實習打工，哪怕不知道想做什麼，至少知道不要做什麼。

跟男友分手了，惆悵沒用，鍛鍊身體、調節心情、反省自己，培養出更好的自己，迎接下一任。

選項多，挑花眼，糾結沒用；列出利弊得失還選不出，就跟著內心走，堅定地做出你的選擇。

每次回答讀者提問時，我都會想起《奇葩說》導師之一黃執中「成熟的人做選擇，不成熟的人做反應」的論述。

當問題不太嚴重，你預感這樣下去不對，於是主動喊停，這叫有建設性的選擇，你要下決定、做取捨；當問題嚴重到讓你忍無可忍，被迫翻臉，這叫反應，你在能做選擇時不選，拖到最後就只能承受後果。

在能選擇時，按照自己的目標和意願，做有建設性的事情。不要拖到選擇窗口關閉，只能被動反應。

沉湎於情緒，會妨礙你做有建設性的事

前段時間，我爸媽過來同我們小住。

我鼓起勇氣對媽媽說：「當我知道您生病時，我很內疚。這些年在外面，沒能陪伴在您身邊，因爲，我倆都要分頭去做有建設性的事情。

「您只須寬心勇敢對抗病魔，注意飲食，規律作息。

「我要心理強大，不要成爲醫生說某個指標不理想，就先嚇暈的人。

「我要好好工作，讓您住在想住的地方，花錢不再有顧慮。

「我要好好生活，不做那個讓您在養身體之外，還要操心的人。」

這兩年，我遭遇了許多人生變故，自詡理性的我，也經常敏感、糾結，困在情緒裡，難以自拔。

趁著還沒被情緒淹沒，我逼自己點開《奇葩說》中談論生死的那集。這集最讓我觸動的是，節目接近尾聲時，主持人馬東泛淚回憶父親馬季離世時的情景。馬季走後，因爲事發突然，馬東釋懷不了。有天他突然夢到父親，父親在夢裡對他說：「我今天才眞的走了。很高興跟你做一世父子，有緣再聚。」馬東說這是他潛意識裡的放下。

這段確實戳淚戳心到極致，但馬東在短時間內調整情緒，用不知是哭是笑的聲音逐一念完廣告，嘉賓和選手也整理心情，回過神來。

有情緒是正常的，可馬東沒讓自己陷在情緒裡，而是履行商業契約，做好主持人的分內事。

有時候感慨成年人日程表排得太滿，連發洩情緒都得掐著碼表算時間。但在我的經驗中，沉湎於負面情緒，比去做有建設性的事痛苦多了。就算只走了一小步，時間也會帶你去往更好的地方；哪怕錯了，重新定位、重新規畫路線也來得及。

餘生不長，做情緒的主人，做有建設性的事。

職場達人都會越兩級看問題

一天，我和一個做人力資源顧問的女伴吃飯，想起以前有位讀者問過我：「職場上的格局體現在什麼地方？」

經常聽說格局大或小，但我感覺格局是個很虛的概念。那天我就把這個問題拋給了做人力資源顧問的女伴，於是她給我舉了個例子。

前段時間女伴的公司入職了幾個應屆畢業生，在新人提交入職資料時，她邊審查邊指出遺漏。她和A說：「你的身分證只複印了一面，需要把正反面印在同一張紙上。」又和B說：「你的學位證複印了兩份，畢業證沒有複印，可能是印錯了。」說完還不忘叮囑兩個新同事明天上班時把資料補齊。

第二天，A、B分別到她的辦公室補交資料。A對她說：「我給你添麻煩了。」而B除了說了些道歉的話，還附加了一句：「我得讓你好交差。」

女伴向我解釋，一般人都會像A那樣說，顯得很有禮貌。但當B說「我得讓你好交差」時，越琢磨這話，越覺得B有格局。

看我一臉不解的樣子，女伴又進一步分析給我聽。「A說的『我給你添麻煩了』，是站在我的立場上說的；而B說的『我得讓你好交差』，是站在我上級的立場上說的。」在她看來，職場上眞正有格局的人，不僅能站在對方的角度考慮問題，還會站在對方上級的角度考慮問題。

確實是這麼回事。

《TOYOTA職場教戰手冊》一書中曾寫過：在豐田（TOYOTA），員工要站在比自己更高的立場上看問題。在公司內部，要站在上司的上司的立場看問題。他們的職位排序爲：班長＜組長＜工長＜科長。班長要站在工長的立場看問題，組長要站在科長的立場看問題。如果只站在自己的立場看問題，那麼結果只能停留在現狀的延長線上，很難有進步的空間。

如果你能夠時刻意識到上級的上級「有什麼煩惱」「會怎樣判斷」「會如何決定」等問題，你的工作一定會做得讓人刮目相看。同樣，接待客戶時，也要站在比顧客更高的角度看問題。比如，顧客是來爲公司採購辦公用品的，你就要把自己想像成顧客的同事或主管；顧客是來爲老婆挑選禮物的，你就要把自己想像成顧客的老婆或老婆的閨密。只站在顧客的立場上思考，並不能完全滿足顧客的需求，你應該站在比顧客更高的立場上思考。

你不必越級彙報，不必越級做事，但一定要學會越級思考，還要懂得越兩級看問題。透過這種思維訓練，久而久之，你的職場格局就會有顯著提升。

所謂職場格局，就是越兩級看問題。這麼看問題，好處在哪裡呢？

1. 少做無用功，少走冤枉路

有位房產仲介被他的主管指派去查「美國海外銷售代表的薪資待遇」，他搜索半天也沒找到確切答案。當他再去問主管時，隨著兩人的深入溝通，主管透露出了上級的意圖。上級想在美國招聘一個當地人，給公司跑業務，因此想知道這種工作職責範疇的人的薪酬是多少。仲介知道主管的上級的意圖後，做事更有針對性，很快調整了解決方案，決定把「搜索牌」換成「人脈牌」。

我的上份工作，試用期過得很辛苦，自己覺得明明是在按照主管的要求做事，但交上去的東西還會被打回來重新修改。有一天，部門經理走到主管那裡交代的任務恰好被我聽到，後來主管再跟我交代任務時，我便發現主管說的和經理說的不一樣。經理向主管提需求，主管按他自己的理解給我指派任務，因此我接到的任務已經被他主觀加工、窄化過了。

那次任務，我以經理的需求爲核心，主管的指示爲切入點，一次順利通過。當然，聽到經理的意見只是巧合，現實中的做法是，歸納每次被打回重做的原因，試著去越級再越級地思考、總結，並調整做法。

2. 提升更迅速，方向更清晰

如果你是一家新媒體公司的編輯，職責是寫稿，可能你在乎的就是能否按時交稿並順利通過上級的審批；閱讀量和回饋好的話，老闆還可能給你加雞腿、發紅包。這時，你應該如何越級思考呢？

首先，你先越一級，站在主編的位置上思考。主編的職責是審稿，他可能更在乎消息是否眞實、資料是否可靠、有沒有侵權。

其次，你再越兩級，站在平臺創始人的位置上思考。創始人的職責是做好平臺的掌舵人，他可能更看重文章傳達的價值觀、調整平臺定位，以及了解競爭對手和市場的情況。

這樣一來，當你重新回到編輯的立場，就會從原先的「錯一個字扣五十塊」「閱讀率高收紅包」這類的瑣事圈裡跳脫出來，以更大的格局審視自己的日常工作：除了按時交稿外，自己引用的資料是否眞實？推論是否經得住推敲？價値觀有無偏差？

這樣做的好處是，一方面能讓你在公司升職加薪、順風順水，而且升職後也能更快上手，畢竟你的思維早已是主管級別的了；另一方面能讓你預覽自己的職場生涯，你的主管、你主管的主管，可能就是你三、五年後的未來，給你他們的薪資待遇和工作日常，你願不願意在這家公司或在這個行業發展？

3. 少抱怨，心態更積極

有次看一個美食眞人秀節目，甜點師被主廚罵得狗血淋頭。我想如果我是甜點師，在節目上被罵成這樣，也會很怨恨那個主廚。

一個甜點師的關注點在他負責的甜點，太快完成，被主廚罵，因爲主廚的關注點是整個用餐過程。等食客吃完前菜和主食，甜點的最佳溫度都過了。

理性上覺得主廚有理，如果甜點師能越兩級思考就不一樣了。主廚面對的上一級是評審員或食客，不能給他們吃冷甜點，做廚師就要對食客的用餐體驗負責。甜點師若能這樣一想，抱怨少了，心態好了，甚至還會體諒主廚。

工作中經常聽到有人私底下聚衆罵主管，情緒是發洩出去了，但很可能會混淆討厭主管的情緒和討厭工作的情緒。如果你能越兩級看問題，讓自己少鑽些牛角尖，心胸和視野更開闊，且能把抱怨的時間拿來做有建設性的事，不是更好嗎？

在我看來，工作這回事，歸根結柢，是爲自己做的。不管表面上給誰打工，本質上都是在爲自己打工。

有人心裡也許會嘀咕：自己拿著白菜價的工資，才不想操那麼大的心。然而，思考問題和瞎操心不是一回事，再說誰會想一輩子拿著白菜價的工資。

越兩級思考問題，可以鍛鍊出自己「一個人就是一家公司」「一個人就是一個部門」的大局觀，這是職場很好的格局訓練。

從今以後，不妨試試越兩級思考問題。分別梳理一下自己、主管、主管的主管現階段的工作內容，以後在執行一項具體的任務前，問問自己主管及主管的上級面臨的局勢、關注點和困境，然後重回自己的實際身分去執行任務。

這種做法我已經嘗試了很長時間，有兩個小心得送給你：

一是埋頭苦幹前，先越兩級看問題，不只是向上越兩級，還可向下或平行地越兩級；

二是思考越級，不是行爲越級，別以大主管的身分命令主管，別讓聰明反被低情商誤。

國家圖書館出版品預行編目資料

當你又忙又美，何懼患得患失／梁爽 著 .
-- 初版 . -- 臺北市：方智，2020.01
304 面；14.8×20.8 公分 --（自信人生；161）
ISBN 978-986-175-542-7（平裝）

1. 生活指導　2. 通俗作品

177.2　　108019086

Eurasian Publishing Group
圓神出版事業機構
用心與你對話．視野無限寬廣
方智出版社
Fine Press

www.booklife.com.tw　　reader@mail.eurasian.com.tw

自信人生 161

當你又忙又美，何懼患得患失

作　　者／梁爽
發 行 人／簡志忠
出 版 者／方智出版社股份有限公司
地　　址／台北市南京東路四段50號6樓之1
電　　話／（02）2579-6600・2579-8800・2570-3939
傳　　真／（02）2579-0338・2577-3220・2570-3636
總 編 輯／陳秋月
副總編輯／賴良珠
主　　編／黃淑雲
責任編輯／黃淑雲
校　　對／黃淑雲
美術編輯／金益健
行銷企畫／詹怡慧・王莉莉
印務統籌／劉鳳剛・高榮祥
監　　印／高榮祥
排　　版／杜易蓉
經 銷 商／叩應股份有限公司
郵撥帳號／18707239
法律顧問／圓神出版事業機構法律顧問　蕭雄淋律師
印　　刷／祥峰印刷廠
2020年1月　初版
2024年6月　24刷
原簡體中文版：当你又忙又美，何惧患得患失
梁爽　著

定價 300 元　　ISBN 978-986-175-542-7